Diálogos y Relatos

con actividades para la clase de español

Índice de contenidos

	Título	Pág.	Contenido	Nivel
D 1	¿Qué tal todo?	2	Saludar y presentar (se)	A1
R 1	Mi hermana y la letra erre	38		
D 2	La merienda	4	– Ubicar objetos – Léxico de la casa y los colores	A1
R 2	El secreto de la señora Gómez	39		
D 3	¡Es el regalo perfecto!	6	– Describir el físico y el carácter	A1
R 3	Las respuestas de mi abuela	40		
D 4	El día a día	8	Describir acciones y actividades habituales	A1
R 4	Amor en el museo	41		
D 5	¡Estoy perdida!	10	– Pedir y dar información espacial – Los medios de transporte	A1
R 5	El extraño viaje de don Julián	42		
D 6	¡Tienes mucho cuento!	12	– Expresar gustos y preferencias – Comidas y alimentos – Actividades de ocio	A1
R 6	Lucía y Nicole	43		
D 7	El carrito de la compra	14	Preguntar por un producto y su precio	A1
R 7	Un CD, un libro y unas gafas amarillas	45		
D 8	¡Hace un frío que pela!	16	– Hablar del tiempo atmosférico – Expresar obligación	A1
R 8	Enamorados de norte a sur	46		
D 9	¿Qué ha pasado?	18	Hablar de acciones pasadas en un tiempo relacionado con el presente	A1
R 9	Tres páginas de un diario	47		
D 10	¿Quién fue?	20	Narrar acciones en pasado	A2
R 10	Un cajero automático diferente	48		
D 11	Desplázate por la ciudad	22	– Localizar objetos y lugares – Hablar por teléfono	A2
R 11	Una encuesta por teléfono	49		
D 12	¡Qué tópico más típico!	24	– Dar y pedir una opinión – Dar instrucciones	A2
R 12	La pensión Mari Luz	50		
D 13	¡Lo he pasado genial!	26	– Valorar una actividad o periodo de tiempo – Narrar acciones en un pasado reciente	A2
R 13	Un caso para el inspector Suárez	52		
D 14	¡Ay! ¡Qué bonito es el amor!	28	Narrar una historia o contar una anécdota	A2
R 14	Leyendas urbanas	54		
D 15	¡Alucino!	30	– Contar el argumento de una película o novela – Describir hábitos del pasado en contraste con el presente	A2
R 15	Antes y ahora	56		
D 16	Recordando nuestro pasado	32	– Hablar de recuerdos compartidos – Resumir un texto e inventar un final con pautas	A2
R 16	Mi amigo Julio quiere ir a la cárcel	58		
D 17	¡Feliz cumpleaños!	34	– Dar órdenes, instrucciones y recomendaciones – Invitar u ofrecer	A2
R 17	¿Un día o dos?	60		
D 18	Si tú te vas...	36	– Hablar de planes y proyectos – Hablar de acciones futuras que dependen de una condición	A2
R 18	Mañana, mañana, mañana...	62		

1 ¿Qué tal todo?

1 Lee el siguiente diálogo y elige la opción correcta.

(Clara y Juan son amigos. No van juntos a clase, pero siempre se ven en el recreo del instituto. Hoy es un día especial: Clara tiene una nueva amiga…)

CLARA: ¡Juan! ¡Estoy aquí!

JUAN: ¡Hola, Clara! ¡Qué despistado soy! ¿Qué tal estás?

CLARA: Bien, bien… Mira, esta es Julia. Hoy es su primer día de clase. Julia, este es mi amigo Juan.

JUAN: Encantado.

CLARA: Julia es argentina. Está en mi clase. Nos conocemos desde hace tres horas.

JUAN: ¿Eres de Buenos Aires?

JULIA: Sí, pero mis abuelos son españoles. Hace solo un mes que estoy acá.

JUAN: ¿Y qué tal todo?

JULIA: Muy bien. Echo mucho de menos a mis amigos, pero estoy contenta.

CLARA: ¡Normal! Nosotros somos amigos desde pequeños.

JULIA: ¿En serio?

CLARA: Sí, sí. Nos vemos todos los días: por la mañana en el instituto y por la tarde en el parque para jugar al fútbol.

JULIA: ¡Qué bueno!

JUAN: Por cierto, los argentinos sois muy buenos futbolistas.

JULIA: Podemos comprobarlo esta tarde. ¿Jugamos un partido?

JUAN y CLARA: ¡Pues claro!

JULIA: ¡Genial! Entonces nos vemos en el parque a las cinco, ¿vale?

CLARA: Vale. Y ahora vamos a clase, que es tarde.

JUAN: ¡Uy! Yo también me voy. ¡Hasta luego, chicas!

CLARA y JULIA: ¡Hasta luego!

a. Hoy es el primer día de clase de	☐ Julia.	☐ Juan.
b. Julia está en la clase de	☐ Clara.	☐ Juan.
c. Los abuelos de Julia son	☐ argentinos.	☐ españoles.
d. Por la tarde Clara y Juan se ven	☐ en el instituto.	☐ en el parque.
e. Esta tarde Clara, Juan y Julia	☐ juegan un partido de fútbol.	☐ van a clase.

2 Escribe las diferentes formas del verbo *ser* que aparecen en el diálogo y quién las dice.

Ejemplo: **soy** –JUAN: *¡Qué despistado soy!*

....

....

....

....

....

3 Completa el diálogo con algunas de estas expresiones.

A ¿Qué tal estás?	**B Encantado/Encantada**	**C ¡Hasta luego!**
Saludo.	Presentación.	Despedida.
D ¡Normal!	**E ¡Qué bueno!**	**F ¡Genial!**
Se dice cuando algo es comprensible por alguna causa.	Expresión hispanoamericana. Se dice cuando algo es positivo.	Se dice cuando algo es positivo.

G ¿En serio?	**H Por cierto...**	**I ¡Pues claro!**	**J ¿Vale?**
Se dice cuando algo es sorprendente.	Se dice para introducir un tema de conversación.	Afirmación.	Se dice para saber si el interlocutor está de acuerdo.

ELENA: ¡Hola, Mario!

MARIO: ¡Hola, Elena! ¿..............a..............?

ELENA: Bien, bien… Un poco nerviosa por el examen.

MARIO: ¡..............b..............! Yo también estoy nervioso.

ELENA: ¿..............c..............? No te creo. Tú eres muy buen estudiante.

MARIO: Pero este examen es difícil…

ELENA: ¿Por qué no estudiamos juntos?

MARIO: ¡..............d..............!

ELENA: Nos vemos en la biblioteca a las cinco, ¿..........e..........?

MARIO: ¡..............f..............! Ahora me voy a casa y luego nos vemos. ¡..............g..............!

ELENA: ¡..............h..............!

2 La merienda

1 Lee el siguiente diálogo y di qué foto refleja mejor la situación en que se encuentran los personajes.

JUAN: ¡Adelante, chicas!

CLARA: Juegas muy bien al fútbol, Julia.

JULIA: ¿En serio?

JUAN: Sí. Hacemos un buen equipo.

JULIA: Perdona, Juan, ¿dónde está el baño?

JUAN: Al fondo del pasillo. A la derecha.

JULIA: Gracias.

CLARA: ¿Y este cuadro del salón? Es muy bonito.

JUAN: Es de mi madre. Pinta muchos cuadros. En su dormitorio hay más.

CLARA: ¿Te ayudo con la merienda?

JUAN: Sí, por favor. ¿Puedes traerme el pan? Está encima de la mesa.

CLARA: ¿Puedo tomar un vaso de agua? Tengo mucha sed.

JUAN: Claro. Los vasos están dentro del armario rojo y hay agua fresca en la nevera.

CLARA: Gracias.

JULIA: Juan, ¿quién es el niño de la foto del salón?

JUAN: Soy yo de pequeño.

JULIA: ¡Pues estás guapísimo!

CLARA: Sí. No sé qué le pasa ahora…

JULIA: ¡Ja, ja, ja!

JUAN: A lo mejor os quedáis sin merienda las dos.

A.

B.

C.

2 Relaciona las preguntas con las respuestas correspondientes.

1. ¿De dónde vienen Clara, Juan y Julia?
2. ¿De quién es la casa?
3. ¿Dónde va Julia?
4. ¿Quiénes preparan la merienda?
5. ¿Quién es el niño de la foto?

a. Al baño.
b. Clara y Juan.
c. Del parque.
d. Juan.
e. De Juan.

Recuerda

Expresiones útiles: ¡Adelante! Perdona. Gracias. Por favor.

3 **Escribe las formas verbales que faltan. Todas están en el diálogo.**

HACER	PODER	TENER
hago		
haces		tienes
hace	puede	tiene
	podemos	tenemos
hacéis	podéis	tenéis
hacen	pueden	tienen

4 **Completa el texto con las palabras del recuadro.**

cocina **televisión** **jabón** **salón** **cama** **baño** **nevera** **dormitorio**

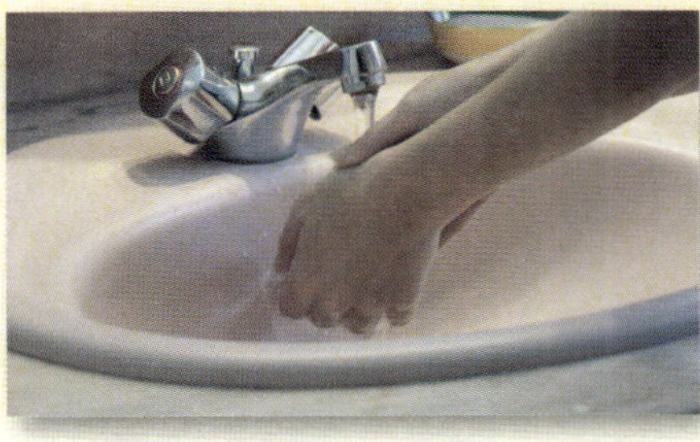

Cuando llega a casa del instituto, Juan va directamente a la .... Tiene mucha hambre, así que abre la .... y toma lo primero que encuentra. Su madre se enfada mucho; entonces Juan va al .... a lavarse las manos con .... y espera impaciente al resto de su familia para comer. Luego sus padres van al .... Allí toman café y ven la .... Su hermana va al .... y estudia en la ....

3 ¡Es el regalo perfecto!

1 Lee el siguiente diálogo y di si las afirmaciones son verdaderas o falsas.

(Clara, Julia y Rafa, otro amigo, van a comprar un regalo a Juan. Mañana es su cumpleaños. Buscan el regalo perfecto, pero cada uno tiene sus propias ideas)

Rafael: ¡Vamos, chicas! Siempre estáis delante de algún escaparate. ¡Estoy muy cansado!

Julia: (A Rafael) ¡Ahora mismo vamos! (A Clara) Este vestido es precioso…

Clara: Sí, pero para ti. Yo soy más bajita y nunca llevo vestidos largos.

Rafael: ¡Chicas!

Clara: (A Rafael) ¡Ahora mismo, Rafa! (A Julia) Este chico a veces es muy antipático, sobre todo cuando está aburrido.

Julia: Mi hermano es igual. Es simpático, pero cuando está cansado…

Clara: ¿Sí? ¿Y cómo es tu hermano? ¿Es guapo?

Julia: ¡Clara! ¡Tiene veinte años!

Clara: ¡Eh, que es solo una pregunta!

Julia: No, no es muy guapo. Es rubio y tiene los ojos azules. Y además está muy gordo.

Rafael: ¡No puedo más! ¡Sois insoportables!

Julia: Bueno, bueno, tranquilo. Ya vamos. Mira, acá hay un regalo perfecto para Juan.

Rafael: ¿Esta gorra? ¡Pero si es de chica!

Clara: Yo creo que estos pantalones de deporte son geniales.

Rafael: Son muy caros.

Clara: Entonces, ¿qué hacemos?

Rafael: ¡Ya lo tengo! ¡Un balón! Es el regalo perfecto.

Clara: ¡Nooo! Todos los años igual…

	V	F
a. Mañana es el cumpleaños de Juan.		
b. Cuando está aburrido, Juan es muy antipático.		
c. Clara tiene un hermano mayor.		
d. Según Julia, el regalo perfecto para Juan es una gorra.		
e. Según Clara, el regalo perfecto para Juan es un balón.		

2 Lee de nuevo la parte del diálogo en la que Julia describe a su hermano. ¿Quién crees que es de los chicos que aparecen en estas fotos?

A.

B.

C.

3 **Coloca los siguientes adjetivos en la columna adecuada y completa.**

cansado/cansada • precioso/preciosa • aburrido/aburrida • de mal humor • amable • guapo/guapa • antipático/antipática • simpático/simpática • rubio/rubia • delgado/delgada • contento/contenta • enfermo/enferma

SER		ESTAR	
Físico	Carácter	Estado físico	Estado de ánimo

- Para describir el físico y el carácter utilizamos ....
- Para describir un estado físico o de ánimo utilizamos ....

4 **Descríbete. ¿Cómo eres? ¿Qué carácter tienes?**

....

5 **Describe a Julia. ¿Crees que físicamente se parece a su hermano?**

....

4 El día a día

1 Lee el siguiente diálogo y elige la opción correcta.

(Juan y Marcos no se ven desde hace mucho tiempo. Son vecinos, pero Marcos estudia en otra ciudad, en un internado)

Juan: ¡Eh, Marcos! ¿Qué tal?

Marcos: ¡Hola, Juan!

Juan: No te veo desde hace un montón de tiempo…

Marcos: Ya. Es que cuando vengo del internado no salgo mucho. Tengo muchas cosas que hacer.

Juan: Oye, ¿y qué tal allí?

Marcos: Bastante bien. Nos levantamos muy temprano y estamos en clase toda la mañana. Luego comemos y por la tarde tenemos más o menos tres horas de estudio asistido con un tutor. Antes de la cena hacemos deporte. Juego al tenis y quiero apuntarme también al equipo de baloncesto. A las once nos vamos a la cama.

Juan: ¡Uf! Parece un poco estricto, ¿no?

Marcos: ¡Qué va! Nos lo pasamos muy bien. Ya tengo buenos amigos allí. Casi todos los días vemos una peli o jugamos a algún videojuego, y algunas veces salimos a dar una vuelta por la ciudad.

Juan: ¡Qué bien! De todas formas también puedes salir algún fin de semana por aquí con nosotros.

Marcos: ¡Pues claro! Si quieres, mañana podemos quedar para tomar algo y hablar más tranquilamente.

Juan: Vale. ¿A las cinco en la plaza?

Marcos: ¡Genial! ¡Hasta luego, Juan!

Juan: ¡Adiós!

a. Juan y Marcos son	☐ compañeros de clase.	☐ vecinos.
b. Marcos estudia	☐ en un internado de la ciudad.	☐ en un internado en otra ciudad.
c. Marcos y sus compañeros tienen las clases	☐ por la mañana.	☐ por la tarde.
d. Marcos juega	☐ al tenis.	☐ al baloncesto.
e. Juan y Marcos	☐ se despiden sin más.	☐ quedan para verse mañana.

2 Escribe las diferentes formas de los presentes irregulares que hay en el texto y su infinitivo correspondiente.

veo ⇨	*ver*	.... ⇨	....
.... ⇨	....	.... ⇨	....
.... ⇨	....	.... ⇨	....
.... ⇨	....	.... ⇨	....
.... ⇨	....	.... ⇨	....

3 **Conjuga los verbos que has apuntado en todas las personas.**

soy									
eres									
es									
somos									
sois									
son									

4 **Clasifica los verbos anteriores según su irregularidad.**

Irregularidades vocálicas	Primera persona irregular	Casi todas las personas irregulares	Todo irregular
		venir	

5 **Fíjate en las fotos. ¿Qué están haciendo? Relaciona cada acción con su foto correspondiente.**

1. ☐ Se está echando la siesta.
2. ☐ Están tomando el aperitivo.
3. ☐ Están comiendo en un restaurante.

A.

B.

C.

6 **Completa el texto con las palabras del recuadro. ¿Hay algún otro verbo con irregularidad en presente? Clasifícalo en la tabla anterior.**

muy temprano — Algunas veces — Por la tarde — Casi todos los días — de la mañana — a las dos

Los españoles no se despiertan .... a .... La mayoría empieza su trabajo a las ocho o las nueve .... b .... La comida es .... c .... d .... toman un aperitivo antes de comer. .... e ...., si pueden, se echan a la siesta. .... f .... trabajan y quedan con los amigos para charlar un rato antes de volver a casa.

5 ¡Estoy perdida!

1 **Lee el siguiente diálogo y relaciona las preguntas con las respuestas correspondientes.**

(Julia está perdida. Clara, Juan y Marcos la esperan en el parque Grande para dar una vuelta juntos, pero se ha equivocado de autobús y no sabe dónde está)

Julia: Perdone, señora. ¿En qué parada estamos?

Señora: Estamos cerca de Ópera.

Julia: ¿Pero este no es el autobús que va en dirección al parque Grande?

Señora: No, hija. Este es el autobús que va a Peñagrande. A lo mejor te has confundido.

Julia: Pues sí, sí... Será que no llevo gafas... y los nombres son tan parecidos...

Señora: Mejor sigues hasta la quinta parada; coges el número 23 y vas a la plaza Mayor. El parque Grande está muy cerca de allí.

Julia: ¡Buf, qué lío! Necesito avisar a mis amigos. Voy a llegar tardísimo.

Señora: ¿Quieres mi móvil?

Julia: No, no, gracias. Prefiero llamar después desde una cabina. Así tengo más tiempo para aclararme.

Señora: Mira, ahora estamos justo detrás del Ayuntamiento. Tú te bajas en la próxima parada.

Julia: ¡Ah! ¡Ya sé dónde estamos! El parque está un poco lejos, pero el 23 para enfrente de la puerta. ¡Muchas gracias!

Señora: ¡De nada, bonita!

1. ¿Dónde esperan a Julia?
2. ¿En qué dirección va el autobús?
3. ¿En qué parada se baja Julia?
4. ¿Desde dónde prefiere llamar a sus amigos?
5. ¿Dónde está Julia ahora?

a. Detrás del Ayuntamiento.
b. En el parque Grande.
c. En la quinta parada.
d. Peñagrande.
e. Desde una cabina.

Recuerda

Expresiones útiles:

Estar en... Seguir hasta...

Ir a... Bajarse en...

2 **Con la estructura *para* + infinitivo expresamos finalidad, un objetivo, un plan. Completa las siguientes estructuras con los verbos adecuados. Luego relaciona las frases con las imágenes.**

1. Quiero un balón para .... al fútbol.
2. Necesito estudiar para .... el examen.
3. Prefiero irme a la cama pronto para ....
4. Quiero viajar mucho para .... gente.
5. Necesito gafas para ....
6. Prefiero el mar para ....

A.

B.

C.

D.

E.

F.

3 **¿Dónde está tu casa? ¿Cómo llegas allí desde el instituto? Haz un plano, explícalo y coméntalo con tus compañeros.**

cerca de / lejos de   delante de / detrás de   enfrente de
sigues hasta   vas a   coges la primera/segunda... calle a la derecha/izquierda

....
....
....
....
....
....
....
....
....
....
....

6 ¡Tienes mucho cuento!

1 Lee el siguiente diálogo y señala si las afirmaciones son verdaderas o falsas.

(Clara, Juan, Julia y Marcos se encuentran por fin para tomar algo y dar una vuelta. Primero van a un bar y luego al parque)

Clara: ¿Por qué venimos a este bar? No me gusta nada la comida aquí. Prefiero tomar algo en aquella cafetería.

Juan: ¿Pero qué dices? Este es el típico bar español. A Julia le va a encantar.

Julia: A mí me da igual, chicos.

Marcos: Anda, Clara. Hace mucho tiempo que no vengo a este bar. Además, a mí me gustan mucho sus tapas…

Clara: Bueno, bueno. En realidad a mí no me apetece tomar nada. Creo que me duele un poco el estómago.

Julia: ¿Sí? ¿No quieres una infusión?

Clara: No, de verdad. No me gustan nada las infusiones.

Marcos: A mí tampoco. Mi madre siempre me da una cuando me duele el estómago.

Juan: Yo voy a tomar un refresco.

Julia y Marcos: Sí, otro para mí.

Juan: Perdona, ¿nos pones tres refrescos?

Camarero: Ahora mismo. ¿Queréis también un pincho de tortilla?

Juan: Sí, sí. Y también una ración de patatas ali-oli. ¿Os gustan, chicos?

Julia: A mí me encantan.

Marcos: A mí también.

Clara: Pues a mí no me gustan nada de nada.

Julia: Clara, tienes mala cara. ¿Estás bien?

Clara: No lo sé. Creo que tengo un poco de fiebre.

Juan: Entonces nos vamos a casa para descansar un poco, ¿vale?

Clara: ¡No, no, a casa no!

Juan: Clara, creo que tienes mucho cuento.

Clara: Bueno, un poco sí.

Todos: Ja, ja, ja…

Recuerda

Expresiones útiles:

¿Qué te pongo? Una ración de…

Un pincho de… Me pones…

	V	F
a. Juan quiere tomar algo en una cafetería.		
b. A Julia le duele el estómago.		
c. El camarero les pone una tapa de tortilla.		
d. Todos se van a casa sin tomar nada.		
e. Clara, en realidad, no está enferma.		

2 Vuelve a leer el diálogo. ¿Qué significa la expresión "tener mucho cuento"?

a. ☐ Simular que eres más mayor de lo que en realidad eres.
b. ☐ Simular que no entiendes lo que te dicen.
c. ☐ Simular que estás enfermo cuando no lo estás.

3 ¿Qué les gusta? Coloca debajo de cada columna su nombre y sus preferencias.

Personajes	Le gusta (n)	No le gusta (n)

4 Completa los diálogos con las palabras y expresiones del recuadro:

¿Qué le pongo? el termómetro tengo fiebre ¿Qué le pasa?
unas almendras Tengo hambre

▷ Buenos días. ....a..........
▶ Buenos días. ....b........... Creo que voy a tomar paella de primero, pollo asado de segundo y fruta de postre.
▷ ¿Y de beber?
▶ Un refresco de naranja. Ah, y ....c.......... de aperitivo.

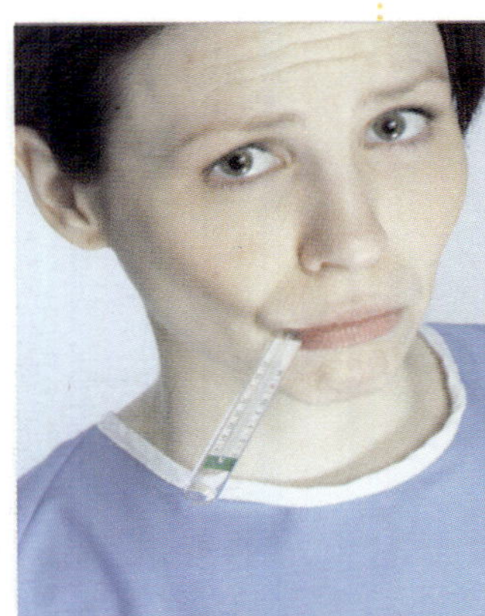

▷ Buenos días. ....d..........
▶ Pues no lo sé. Estoy muy cansada y creo que ....e...........
▷ Vamos a ver. Según ....f........... tiene usted 38,9º.
▶ ¿Estoy muy enferma?
▷ No mucho. Pero necesita descansar y tomar este medicamento un par de días.

7 El carrito de la compra

1 Relaciona estas cantidades y envases con los alimentos correspondientes.

Envases y cantidades	Alimentos
1. Una lata de	a. leche.
2. Una barra de	b. aceitunas.
3. Un diente de	c. sardinas, mejillones.
4. Una caja de	d. pan.
5. Una cabeza de	e. huevos.
6. Un kilo de	f. lechuga.
7. Una docena de	g. galletas.
8. Un litro de	h. patatas.
9. Un bote de	i. ajo.
10. Una	

2 Ahora, lee el siguiente diálogo y comprueba tus hipótesis.

(Son las 12 de la mañana en una tienda del mercado)

Cliente: Buenos días, ¿quién da la vez?
Señora: Yo, yo soy la última.
Cliente: Gracias.
(Minutos más tarde)
Dependiente: Hola, buenos días, ¿qué quería?
Cliente: Pues, me pone un kilo de tomates. De esos rojos de ahí.
Dependiente: Esos son más caros que estos de aquí.
Cliente: No importa, tienen buena pinta.
Dependiente: Muy bien, y ¿qué más?
Cliente: Una lechuga y también medio kilo de cebollas.
Dependiente: ¿Desea algo más?
Cliente: Sí, deme una lata de atún en aceite y también, un bote de aceitunas.
Dependiente: Aquí lo tiene. ¿Le pongo algo más?
Cliente: Sí, una barra de pan, una caja de galletas y media docena de huevos.
Dependiente: Tengo unos ajos buenísimos, ¿le pongo un par de cabezas?
Cliente: Vale.
Dependiente: ¿Algo más?
Cliente: No, nada más. Creo que no se me olvida nada. ¿Cuánto le debo?
Dependiente: Son 21,43 €.
Cliente: Aquí tiene.
Dependiente: Muchas gracias.
Cliente: Gracias a usted.
Dependiente: Adiós, buenos días.

3 **Relaciona las siguientes expresiones del diálogo con su significado.**

1. ¿Quién da la vez?
2. Tiene buena pinta.
3. Un par.

a. Buen aspecto.
b. Pedir el turno.
c. Dos.

4 **Después de hacer la compra quieres cocinar un plato delicioso para la cena. Mira atentamente estas fotografías y relaciónalas con el verbo correspondiente.**

añadir   cortar   picar   rayar   cocer   asar   freír

A.

B.

C.

G.

D.

E.

F.

5 **Completa las frases como en el ejemplo.**

Ejemplo: *Para hacer huevos revueltos,* ***los fríes*** *a fuego lento.*

a. Para que los macarrones estén crujientes (gratinar) .... en el horno.
b. Para que la cebolla dé sabor a la salsa (picar) .... muy fina.
c. Para hacer huevos duros (cocer) .... en un cazo.
d. Para disfrutar de un buen chocolate (calentar) .... a fuego lento.
e. Para hacer sopa de fideos (añadir) .... al caldo.
f. Para hacer pollo (asar) .... en el horno.

6 **Escribe una receta de macarrones con tomate. Primero tienes que dar la lista de los ingredientes y sus cantidades para cuatro personas.**

Ingredientes	Modo de preparación

8 ¡Hace un frío que pela!

1 **Lee atentamente los siguientes partes meteorológicos de ciudades distintas. Después intenta relacionar las palabras en negrita con las imágenes.**

☐ **París:** Hoy tenemos en la ciudad entre 16 y 18 grados de temperatura. **El cielo está despejado** y no se esperan lluvias. El viento es moderado tirando a leve.

☐ **Madrid:** La temperatura para el día de hoy es de 24 grados. **El día está soleado** aunque se esperan **precipitaciones por la tarde** en algunos puntos de la ciudad.

☐ **Londres:** **El cielo está nublado**. La temperatura mínima es de 3 grados y la máxima de 9, para el día de hoy. Posibles lluvias y **viento frío**.

☐ **Roma:** Hoy tenemos en la ciudad una temperatura entre 18 y 20 grados. Esta mañana el sol brillaba con mucha fuerza. **La temperatura ambiental es cálida.**

2 **Ahora lee el siguiente diálogo y responde a las siguientes preguntas. Puedes comparar tus respuestas con tu compañero.**

Julia: ¡Uf! ¡Qué frío! Vengo de la biblioteca y hace un frío que pela.

Rafael: ¡Venga, qué exagerada eres! ¡No creo que sea para tanto!

Julia: ¡Cómo se nota que no has salido de casa!

Rafael: ¿Está lloviendo?

Julia: No, pero sopla un viento muy frío.

Rafael: Pues ayer leí en el parte meteorológico que hoy iba a hacer calor.

Julia: ¿Sí? Pues creo que se han equivocado. Porque calor no hace.

Rafael: Entonces, llamaré a Carla para preguntarle qué vamos a hacer esta noche.

Julia: Pero ¿vais a salir?

Rafael: Sí, íbamos a ir al cine. Pero si hace tanto frío lo dejaremos para el finde que viene.

Julia: Podemos ver una peli en casa…

Rafael: ¡Vale! Voy a llamarla para que compre palomitas. ¿Te apetecen?

Julia: ¡Sí! ¡Qué buenas!

Rafael: Como dice mi abuela: "Al mal tiempo buena cara".

Preguntas:

a. ¿Qué tiempo hace?

b. ¿Qué decía el parte meteorológico de ayer?

c. ¿Dónde van a ir esta noche?

d. ¿Sabes qué significa "al mal tiempo buena cara"?

3 **¿Sabes el significado de las siguientes palabras? Con tu compañero, defínelas. También puedes usar el diccionario.**

huracán ola de calor sequía lluvia torrencial

4 **Completa las siguientes frases con las palabras del ejercicio anterior.**

a. El verano pasado la .... causó muchas muertes en Europa.

b. Estamos en alerta roja. Las .... amenazan a la Península.

c. Los embalses están vacíos a causa de la ....

d. El .... provocó muchos desastres en la costa este de EE.UU.

5 **Este fin de semana has planeado, con tus amigos, una excursión a la montaña. Haz una lista de las cosas que tienes que hacer. Puedes usar las siguientes palabras y también añadir más.**

Ejemplo: *Tengo que comprar comida.*

portátil

gafas

música

bebida

películas

esquís

juegos de mesa

linterna

Lista

....

....

....

....

....

....

....

....

....

....

....

9 ¿Qué ha pasado?

1 Mira atentamente esta fotografía y elige el título que te parece más adecuado.

a. ☐ ¡Me lo he pasado pipa!

b. ☐ ¡Ha estado fatal!

c. ☐ ¡Ha sido un rollo!

2 ¿Qué descripción es la más adecuada para la foto?

a. ☐ Hoy hemos quedado en casa de Amanda porque mañana es el examen final de Matemáticas. Hemos estado estudiando hasta las dos de la madrugada. ¡Estamos cansadísimos! A ver qué tal nos sale…

b. ☐ Hoy hemos quedado en casa de Amanda porque se ha puesto enferma. Le hemos llevado un regalo para ver si se anima. Hemos estado poco tiempo porque tenía mucha fiebre. Seguro que mañana está mejor.

c. ☐ Hoy hemos quedado en casa de Amanda porque es su cumpleaños. Nos ha preparado una merienda riquísima y hemos comido tarta. A última hora, hemos salido a dar una vuelta. Nos lo hemos pasado genial.

3 Lee el siguiente diálogo.

Luis: ¡Hola, Carmen! ¡Cuánto tiempo sin verte!

Carmen: ¡Hola, Luis! ¿Cómo estás?

Luis: Yo muy bien. ¿Y tú?

Carmen: Pues muy bien. He estado con Juan en un concierto de hip-hop. ¿Te acuerdas de él?

Luis: ¡Claro que me acuerdo! ¡Para no acordarse! ¿En un concierto de hip-hop?

Carmen: Sí, nos lo hemos pasado pipa. ¡Qué risa! Juan ha llegado tarde, como siempre, y ha tenido que verlo desde las gradas.

Luis: ¿Desde las gradas?

Carmen: Sí, como lo oyes. Desde las gradas al principio… Ha sido muy gracioso.

Luis: ¿Qué ha pasado?

Carmen: Pues, como te he dicho, ha llegado a las mil, los de seguridad no le han dejado pasar. Entonces, se ha puesto a saltar entre las gradas hasta que ha llegado a nosotros. ¡Increíble! Pero lo más fuerte ha sido que el cantante se ha dado cuenta y le ha dedicado una canción.

Luis: ¡No!

Carmen: Sí, ha sido alucinante.

4 **Encuentra en el diálogo expresiones sinónimas de las que aparecen a continuación.**

a. Pasárselo muy bien: ....

b. Lo más impresionante:. ....

c. Ser increíble: ....

d. Llegar muy tarde: ....

5 **Ahora, haz memoria. ¿Cuándo fue la última vez que te lo has pasado pipa? Coméntalo con tus compañeros y con tu profesor.**

....

....

....

....

....

....

....

....

6 **Relaciona las siguientes imágenes con su frase correspondiente:**

1. ☐ La ha roto de un golpe.

2. ☐ Lo ha empujado.

3. ☐ La han tranquilizado.

4. ☐ Lo han visto en el instituto.

7 **Aquí tienes una lista de verbos en infinitivo: escribe junto a ellos el participio. ¡Ojo, son irregulares!**

a. Deshacer ⇨ ....

b. Decir ⇨ ....

c. Escribir ⇨ ....

d. Morir ⇨ ....

e. Volver ⇨ ....

f. Romper ⇨ ....

g. Hacer ⇨ ....

h. Abrir ⇨ ....

i. Ver ⇨ ....

j. Descubrir ⇨ ....

10 ¿Quién fue?

1 Lee el siguiente diálogo.

(Son las 10 de la noche, en un piso de estudiantes, la ventana está abierta)

Bea: ¡Martina! ¡Martina! Ven, corre, alguien ha salido de tu cuarto.

Martina: ¿Qué?

Bea: ¡Que vengas que alguien ha salido de tu cuarto con algo en las manos!

(Martina va corriendo, Bea está temblando)

Martina: A ver, ¿qué pasa aquí?

Bea: No sé, solo he visto que alguien salía de tu cuarto.

Martina: ¿Y no sabes quién ha sido?

Bea: No.

Martina: ¿Y has entrado?

Bea: No, salí corriendo.

Martina: Bien, veamos si falta algo.

(Ambas entran en la habitación de Martina)

Martina: Parece que no falta nada.

Bea: ¿Estás segura?

Martina: No sé... Oye, ¿me diste el pañuelo rojo?

Bea: Claro, ¿no te acuerdas? Te lo di anteayer.

Martina: Sí, sí... me acuerdo.

Bea: ¿Y tu portátil?

Martina: ¡No me lo puedo creer! Hace dos días que fui a por él a la tienda.

Bea: ¿Se lo han llevado?

Martina: Sí...

2 Aquí tienes algunos hechos de la vida de Martina que pueden relacionar el robo con diversas personas. Rellena los huecos en blanco con los siguientes verbos en pretérito indefinido.

a. Hace dos años ella se lo (pedir).................................. prestado a su novio pero no se lo (devolver) ....

b. Hace dos días el portátil se (romper)................................... Martina lo (llevar) .... a arreglar, (ir) .... a por el portátil a la tienda y no lo (pagar) ....

c. El mes pasado Martina no (pagar) .... el alquiler del piso.

d. La semana pasada Martina (discutir) .... con el vecino del cuarto.

3 Decide quién ha robado el portátil de Martina, justificando tu respuesta. Inventa una historia que explique el robo.

....

....

....

....

4 **Relaciona las siguientes imágenes con la frase correspondiente.**

A.

B.

C.

D.

1. ☐ Ayer escribí un correo a Óscar.
2. ☐ El mes pasado me apunté a un curso de esquí.
3. ☐ El 4 de mayo de 1990 me casé.
4. ☐ El 2007 fue el mejor año de mi vida.

5 **Mira estas tres imágenes. Inventa una historia para cada una de estas personas. Escribe las siete cosas más importantes que le han ocurrido en su vida.**

A.

B.

C.

A. *Nació en Madrid,* ....

....

B. ....

....

C. ....

....

11 Desplázate por la ciudad

1 Fíjate en las siguientes imágenes y relaciónalas con las palabras del recuadro.

A.

B.

C.

D.

☐ paso de cebra ☐ farola ☐ banco ☐ semáforo

2 Lee el siguiente diálogo.

(Suena el móvil en una sala de lectura de la biblioteca)

Pedro: ¿Sí? ¿Quién es?

Manuel: ¡Pedro! ¡Soy yo, Manuel!

Pedro: ¡Hola, Manuel! No había reconocido el número.

Una voz: ¡Shhhhhhhhhhhhhhhh! ¡Silencio!

Pedro: ¿Manuel?

Manuel: Sí.

Pedro: Espera un momento que salgo de la biblioteca. Si no, no voy a poder hablar contigo.

Manuel: Vale, espero un momento.

(De repente se oye un ruido y a continuación un grito)

Pedro: ¡Ay! ¡Ay!

Una voz: ¡Shhhhhhhhhhhhhhhh! Silencio, por favor.

Manuel: ¿Pedro?, ¿Pedro? ¿Estás bien?

Pedro: ¡Ay, Manuel! Estoy hecho polvo. Me acabo de pillar un dedo con la puerta.

Manuel: Bueno, si quieres, te llamo más tarde.

Pedro: No, no, acabo de salir de la biblioteca. ¿Quedamos para tomar algo?

Manuel: ¡Vale!, mucho mejor. ¿Dónde quedamos?

Pedro: A ver, déjame pensar... ¿Quedamos cerca del quiosco?

Manuel: ¿Qué quiosco?

Pedro: Sí, hombre, el que está cerca de la cabina de teléfono.

Manuel: Pero, ¿qué cabina de teléfono?

Pedro: A ver, Manuel, ahora mismo salgo de la biblioteca, voy a coger el metro y llego a tu calle en quince minutos.

Manuel: ¡Hombre! Te lo agradezco, porque no sé a qué quiosco te refieres.

Pedro: Pues nos vemos en la boca de metro de tu calle en quince minutos.

Manuel: Vale. ¡Nos vemos!

3 **Vuelve a leer y subraya en el diálogo dónde aparecen las palabras y expresiones de la columna A. Luego, relaciónalas con su significado en la columna B.**

Columna A	Columna B
1. Estar hecho/a polvo.	a. Hacerse daño con una puerta o ventana al cerrarla.
2. Pillarse.	b. La entrada del metro.
3. *Acabar de* + infinitivo.	c. Estar muy cansado o con mucho dolor.
4. Quedar.	d. Establecer una cita con otra persona.
5. El quiosco.	e. Expresa una acción que se ha realizado hace muy poco tiempo.
6. Agradecer.	f. Dar las gracias.
7. La boca de metro.	g. Tienda donde se venden periódicos y revistas.

4 **Responde a las siguientes preguntas.**

a. ¿Por qué Pedro no puede hablar?

....

b. ¿Qué palabra se utiliza en español para mandar callar? ¿Sabes qué gesto se realiza? Descríbelo.

....

c. ¿En tu país se hace el mismo gesto? Si no es así, describe cómo se manda callar mediante gestos en tu país. ....

5 **Lee las siguientes palabras. ¿Conoces su significado? Fíjate en la fotografía y escribe frases que indiquen la ubicación de las cosas que aparecen.**

a. Delante. ⇨ *El coche está delante de la casa.*
b. Detrás. ⇨ ....
c. Al lado. ⇨ ....
d. Enfrente. ⇨ ....
e. A la derecha. ⇨ ....
f. A la izquierda. ⇨ ....
g. Al fondo. ⇨ ....

6 **Combina los siguientes verbos de movimiento con estas preposiciones. Explica qué significan las diferentes combinaciones y escribe un ejemplo.**

Ejemplo: ***Ir en*** ⇨ *Indica medio de transporte:* Yo vengo al instituto en autobús.

a. .... ⇨ ....
b. .... ⇨ ....
c. .... ⇨ ....
d. .... ⇨ ....
e. .... ⇨ ....
f. .... ⇨ ....
g. .... ⇨ ....

ir
llegar
venir

a
en
de

12 ¡Qué tópico más típico!

1 Relaciona las fotografías con la palabra o expresión correspondiente.

A.

B.

C.

D.

E.

F.

G.

H.

1. flamenco ☐
2. pasta ☐
3. baile moderno ☐
4. paella ☐
5. sol ☐
6. lluvia ☐
7. alegre ☐
8. triste ☐

2 Cuando piensas en España, ¿con qué palabras e imágenes de las anteriores la asocias?

....

....

3 Ahora, lee el siguiente diálogo.

Paul: ¡Hola, William!

William: Hola, ¿qué tal estás?

Paul: Muy bien. ¿Y tú?

William: **Pues genial**, acabo de volver de España.

Paul: **¡Sí! ¡Qué guay!** ¿Cuánto tiempo has estado?

William: Pues he vivido allí seis meses.

Paul: ¡Seis meses! Entonces, habrás aprendido español.

William: Pues claro. No solo la lengua sino también las costumbres.

Paul: **¡Qué envidia!** Oye, una pregunta, ¿es verdad que los españoles solo comen paella?

William: **¡No, hombre, no!** No solo comen paella. Comen muchas más cosas. Por ejemplo, legumbres, pasta, carnes, pescado… Su dieta es muy variada. ¡Igual que nosotros!

Paul: ¿Y bailan flamenco en todas partes?

William: **Pues no.** El flamenco solo lo bailan algunas personas.

Paul: **¡Ah! ¡Vaya!** Pues yo pensaba que todos los españoles bailaban flamenco. También dicen que siempre hace sol, ¿es verdad?

WILLIAM: Pues mira, hoy mismo, cuando he ido al aeropuerto, estaba lloviendo.

PAUL: **¡Qué mal!, ¿no?** De todas formas, **te lo has tenido que pasar pipa** porque los españoles son muy simpáticos.

WILLIAM: **¡Hombre!**, simpáticos, lo que se dice simpáticos…

PAUL: ¡No son simpáticos! **¡No me lo puedo creer!**

WILLIAM: **No, yo no digo que** no sean simpáticos… **pero** no lo son todos. Son… como nosotros.

PAUL: **¡Qué pena!** Yo creía que eran diferentes y mucho más simpáticos que nosotros.

4 **Revisa tu respuesta en 2. Después de leer el diálogo, ¿has cambiado de opinión? Coméntalo con tus compañeros.**

5 **En el texto hay algunas expresiones resaltadas que son muy útiles para mantener una conversación. Colócalas en la columna adecuada teniendo en cuenta su significado.**

Valorar positivamente	Valorar negativamente	Expresar sorpresa	Negar una afirmación de otra persona	Expresar decepción o desilusión
		¿Sí?		*¡Vaya!*

6 **Lee las siguientes situaciones y completa los huecos con las palabras y las expresiones que faltan.**

(En el instituto)
▷ Anda, Marta, déjame el trabajo de Física.
▶ No, te he dicho que no.
▷ Venga, porfi…
▶ Ana, eres una ……. a…….

[*"Porfi" es una expresión coloquial para decir por favor*].

(En una fiesta)
▷ ¡Hola, Ana!
▶ Hola, ¿qué tal?
▷ Bien.
▶ ……. b……. ¡Me encanta tu vestido!
▷ ¿Sí? Pues cuando quieras te lo dejo.
▶ ¿De verdad?
▷ ……. c…….

derrochona
por favor
¡Claro!
vaga
saldo
¡Qué guapa!

(En casa)
▷ Papá ¿me puedes dar 10€?
▶ No.
▷ ¡Joooo! Es que no tengo ……. d……. en el móvil.
▶ Así no hablarás tanto.
▷ ¡Venga, Papa, ……. e…….!
▶ Mira, Vanesa, es la última vez que te doy dinero para el móvil, eres una ……. f……. .

[*"¡Joooo!" es una expresión coloquial para expresar fastidio*].

7 **En esta unidad hemos intentado hacerte reflexionar sobre los tópicos y estereotipos que se dan sobre los distintos países y culturas. Piensa qué tópicos hay sobre tu país en otras partes. ¿Son ciertos? ¿Te parecen justos? Coméntalo con tus compañeros.**

13 ¡Lo he pasado genial!

1 **Fíjate en las fotografías. ¿Cuál es tu mejor plan para las vacaciones? Coméntalo con tus compañeros.**

2 **Ahora, lee el diálogo.**

(El verano se ha acabado y las clases comienzan de nuevo. Olga y Susana se encuentran después de dos meses de vacaciones)

Olga: ¡Susana! ¿Qué tal?

Susana: ¡Hola, guapa! ¿Cómo estás?

Olga: Bien, bien... Bueno, un poco tristona. Se ha acabado el verano y ahora hay que empezar otra vez...

Susana: Sí, ¡qué rollo! Y bueno, ¿qué has hecho estos meses? ¡Cuéntame, anda!

Olga: Los he pasado en la playa, en el norte. La verdad es que no me he bañado mucho en el mar porque allí hace bastante frío, pero me he divertido mucho.

Susana: ¿Sí? ¿Dónde has estado?

Olga: En Galicia. He ido con mis padres. Ya hemos estado allí un par de veces, pero nos encanta. ¿Y tú? ¿Qué has hecho todo este tiempo?

Susana: Pues no he salido de la ciudad, pero he estado en un montón de sitios.

Olga: ¿En serio?

Susana: Sí, sí. Este año no hemos podido viajar porque mi padre ha estado enfermo, así que mi hermana y yo hemos ido de excursión a la sierra, hemos visitado algunos museos y hemos estado en varios conciertos.

Olga: ¿En cuáles?

Susana: Pues, por ejemplo, hace poco hemos visto a El Canto del Loco.

Olga: ¿Lo habéis visto? ¿En directo?

Susana: Sí, sí. Ha estado genial. Te lo recomiendo.

Olga: ¿Se lo has contado a Laura?

Susana: ¡Sí, claro! ¡Es su mayor admiradora!

3 **Coloca debajo de cada nombre las actividades que han hecho este verano.**

Olga	Susana

4 **Escribe los diferentes marcadores temporales de pretérito perfecto que aparecen en el diálogo y quién los dice.**

Ejemplo: **estos meses** – SUSANA: *¿Qué has hecho estos meses?*

....

....

....

....

....

5 **Estos estudiantes han pasado sus vacaciones en diferentes puntos del mundo hispano. Relaciona sus palabras con un lugar concreto, elige a uno de ellos y escribe una pequeña crónica de su aventura en primera persona.**

MATÍAS: Ha estado todo el día tumbado al sol. Las playas allí son enormes y muy exóticas. Ha comido muchos tacos al son de la música de los mariachis.

LAURA: No ha visto el mar, pero ha merecido la pena. Ha visitado la Alhambra y ha visto su magnífica puesta de sol. También ha escuchado flamenco en directo.

PEDRO: Ha estado en una ciudad muy interesante. Se ha alojado en el Barrio de la Boca, el más pintoresco. Incluso ha aprendido a bailar un poco de tango.

SOFÍA: Ha estado junto al mar, pero no se ha bañado. En vez de broncearse en la playa ha visitado muchos museos, como el de Dalí, y ha paseado todas las noches por Las Ramblas.

BUENOS AIRES (Argentina)

BARCELONA (España)

ACAPULCO (México)

GRANADA (España)

Las vacaciones de...

....

....

....

....

....

....

....

....

....

....

....

14 ¡Ay! ¡Qué bonito es el amor!

1 **Lee atentamente el siguiente diálogo entre Ana y Sonia. Después contesta las siguientes preguntas.**

(Ana y Sonia salen del instituto)

Sonia: Ana, ¿estás bien?

Ana: Sí, ¿por qué me lo preguntas?

Sonia: No sé, te veo algo nerviosa.

Ana: No, ayer **estuve** pasando los apuntes de Literatura a limpio y creo que me faltan dos temas.

Sonia: No, no te lo digo por eso. **He visto** que Juan te **ha enviado** una nota en clase de mates.

Ana: ¿Qué dices? ¡Tú flipas!

Sonia: Lo **he visto**, Ana, no me lo niegues, por favor.

Ana: Bueno, está bien, te lo voy a contar.

Sonia: ¡Soy toda oídos!

Ana: Mira, ayer **fue** el día más feliz de mi vida.

Sonia: ¿De verdad?

Ana: Sí, ¿y sabes por qué? Porque **me he dado** cuenta de que Juan es el chico de mi vida. Ayer cuando **salí** de clase y lo **vi** en el pasillo me **miró** fijamente. **Fue** en ese momento, cuando **sentí** que me había enamorado de él.

Sonia: ¿Pero se lo **has dicho**?

Ana: ¿Cómo se lo voy a decir? ¿Tú estás loca? ¡Me muero de la vergüenza!

Sonia: ¡Ay! ¡Qué bonito es el amor! Bueno, ¿y qué dice la nota?

Ana: Pues que si quiero quedar con él hoy.

Sonia: ¡Ay! ¡Qué bien! ¿Y qué le **has contestado**?

Ana: Pues qué le voy a contestar… que sí. También le **he escrito** una nota.

Sonia: ¡Qué envidia! ¡Con lo guapo que es!

Ana: Pues sí, es tan guapo y simpático que solo puedo pensar en él. ¿Ahora entiendes por qué hoy estoy en las nubes?

2 **Trabaja con tu compañero y explica con tus propias palabras las siguientes expresiones. Os puede ayudar mucho si leéis de nuevo el diálogo y veis el contexto en que aparecen.**

- [ ] **a.** Soy toda oídos.
- [ ] **b.** ¡Tú flipas!

3 **¿Por qué Ana "está en las nubes"? Señala la opción correcta.**

- [ ] Porque le faltan dos temas de Literatura por pasar a limpio.
- [ ] Porque tiene una primera cita.
- [ ] Porque está harta de su amiga Sonia.

4 **¿Por qué no clasificas ahora las formas verbales del diálogo? ¿Conoces todos los verbos que han utilizado Ana y Sonia?**

Hoy/Esta mañana/Pasado indeterminado	Ayer

5 **Lee la nota de Juan. Escribe la nota de Ana en respuesta a esta. Usa los verbos que aparecen en el cuadro. Debes usar el pretérito indefinido.**

Nota

Ana, soy Juan.

Ayer, cuando te vi, sentí un hormigueo por mi estómago.

No sé cómo describirlo... ¿Te gustaría quedar conmigo?

Verbos

• hablar • comer • dormir •
• estudiar • sentir • ver •

Nota 2

Hola, Juan, el día que te vi por primera vez, ...

....

....

....

6 **Mira atentamente las siguientes imágenes y, con las frases que aparecen debajo, responde a la pregunta: "¿Qué ha/han hecho estas personas?". Tienes que utilizar dos frases para cada fotografía.**

A.

B.

C.

☐ **1.** Hacer un máster en cirugía.
☐ **2.** Fundar una ONG para los niños con malaria.
☐ **3.** Estudiar Odontología.
☐ **4.** Abrir un restaurante.
☐ **5.** Graduarse.
☐ **6.** Estudiar Veterinaria.

7 **Ahora que ya conoces estos dos tiempos verbales (pretérito perfecto y pretérito indefinido) ordena las siguientes frases. Fíjate en el marcador temporal y conjuga el infinitivo en el tiempo adecuado.**

a. Mi novio/ir/concierto/con amigos/pasada/semana. ....
b. Carmen/hoy/tres veces/ir a correr. ....
c. Anoche/soñar/Luis/con/Ana. ....
d. Mi madre/no/hacer/todavía/la/cena. ....
e. Jugar/con Pedro/el/martes/baloncesto/pasado. ....

15 ¡Alucino!

1 Relaciona estas palabras y expresiones con su significado.

1. ¡Alucino!
2. Pobrecillo/a.
3. Peli.
4. ¿De qué va?
5. Traicionar.
6. Engañar.

a. Expresión para referirse a alguien que te da pena.
b. Forma coloquial para referirse a "película".
c. Expresión coloquial que indica sorpresa.
d. Mentir.
e. Es una pregunta que se hace cuando quieres conocer el argumento de una película, novela, etc.
f. Mentir o perjudicar a una persona que confiaba en otra.

2 Lee el siguiente diálogo.

(Son las 8 de la tarde del domingo. Li, Marta y Pedro, están comiéndose una hamburguesa)

Pedro: ¡Qué pasa, chicas! ¿Qué tal os lo pasasteis ayer?

Li: ¡Genial! ¡Yo estuve con Carol en el cine!

Marta: ¿Sí? ¡Qué bien! ¿Y qué peli visteis?

Li: Vimos la última peli de Hannah Montana.

Pedro: ¿Y de qué va? ¡Me encanta Hannah!

Li: No, no os la cuento que si no, no vais a ir a verla.

Marta: ¡Venga, Li! Si esta mañana estabas deseando contarla…

Li: No, no os la cuento… tenéis que ir a verla.

Pedro: Como sois las chicas, siempre con las mismas cosas…

Li: Bueno, venga, os cuento un poquito… ¿Os acordáis de la última película? Cuando Hannah estaba a punto de firmar su primer contrato como cantante...

Marta: ¡Sí!

Pedro: ¡Sí!

Li: Bueno, pues no llega a firmarlo. ¡La estaban engañando! ¡Pobrecilla…! Y ya no os puedo contar más.

Marta: ¡No me lo puedo creer! ¡La estaban engañando!

Pedro: ¡Increíble! ¿Cómo que la estaban engañando?

Li: ¡Sí!, la estaban traicionando sus propios amigos… y ya no puedo contar más.

Marta: ¿Que la estaban traicionando sus amigos?

Pedro: ¡Alucino!

Li: Tenéis que ir a verla, está muy interesante.

3 Contesta las siguientes preguntas sobre el diálogo que acabas de leer.

a. ¿Cuál de los tres estaba deseando contar la peli?

- [ ] Marta.
- [ ] Pedro.
- [ ] Li.

b. ¿Llegó a salir Marta?

- [ ] No, se quedo en casa.
- [ ] Sí, pero se fue rápido a casa.
- [ ] No se sabe.

c. ¿Quién estaba con Li en el cine?

- [ ] Pedro.
- [ ] Carol.
- [ ] Marta.

4 **Completa los huecos en blanco con los siguientes verbos. ¡Ojo! Recuerda que debes usar el pretérito imperfecto o el indefinido.**

a. Cuando (ser) .... pequeña me (asomar) .... a la ventana por las noches a esperar a Peter Pan.

b. Ayer (ir, yo) .... a casa de Pablo para hablar con él.

c. El martes pasado (comprar, nosotros) .... leche para desayunar.

d. La semana pasada (hacer, yo) .... la rutina de siempre: (ir) .... al instituto, (comer) .... en casa con mis padres, y, luego, (salir) .... con mis amigos para jugar un partido de fútbol.

e. Me quedé de piedra cuando los vi: él (estar) .... muy guapo, como siempre, y (llevar) .... unos pantalones beis que le (quedar) .... tan bien... Y ella le (sonreír) .... sin parar. (Estar, ellos) .... en una cafetería y (estar, ellos) .... tomando algo.

5 **Fíjate en los carteles de estas películas. ¿Las has visto? ¿De qué van? Elige una y, con tu compañero, escribe su argumento.**

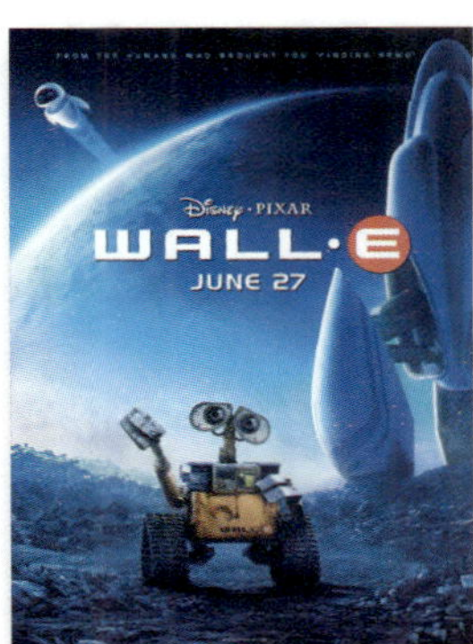

16 Recordando nuestro pasado

1 **Lee estas frases y marca todas aquellas con las que coincidas. Después coméntalo con tu compañero.**

- [ ] Fui al cine la semana pasada.
- [ ] Hoy he ido al centro comercial.
- [ ] He hecho mis ejercicios antes de ir a clase.
- [ ] Ayer comí macarrones con salsa de tomate.
- [ ] Hace dos días tuve un examen.
- [ ] Esta mañana he ido al gimnasio.
- [ ] El mes pasado me compré un portátil.
- [ ] Ayer vi una película en la TV.
- [ ] Hace dos años visité España.
- [ ] Esta tarde he quedado con mi mejor amigo para jugar al baloncesto.

2 **Como has visto, en las frases del ejercicio anterior aparecen dos tiempos verbales distintos. El pretérito indefinido y el pretérito perfecto. Márcalos con colores diferentes y después escribe en la siguiente tabla los marcadores temporales que lleva cada uno. ¿Sabes alguno más?**

Pretérito indefinido	Pretérito perfecto
el mes pasado,	*hoy,*

3 **Lee el siguiente diálogo.**

(Pablo y Pedro son amigos, llevan sin verse seis meses)

Pedro: ¿Pablo?

Pablo: ¿Pedro? ¡Cuánto tiempo sin verte!

Pedro: Es verdad, llevamos mucho tiempo sin vernos. ¿Cómo va todo?

Pablo: ¡Hombre!, no tan bien como cuando éramos pequeños… pero no me quejo.

Pedro: No sabes la alegría que me da verte… ¡Qué recuerdos! ¿Recuerdas cuando merendábamos pan con mantequilla y jamón york?

Pablo: ¡Cómo me voy a olvidar de eso! ¿Y te acuerdas del día que le quitamos el bocadillo a Ana? Jajajajaja… ¿Te acuerdas de su cara?

Pedro: ¡Para olvidarla!

Pablo: ¿Y el día que habíamos quedado con Nacho para enseñarle a montar en bici?

Pedro: ¡Madre mía! ¡Qué dolor! Todavía me acuerdo del trastazo que se dio el pobre.

Pablo: Tenemos que quedar más, Pedro.

Pedro: Sí, llevas razón, de vez en cuando te apetece recordar cosas del pasado.

PABLO: Oye, ¿sabes algo de Paula?

PEDRO: Pues si te soy sincero, antes hablábamos por el Messenger una o dos veces por semana, pero ahora no sé dónde se ha metido.

PABLO: Pero, ¿no me dijiste que tenía un novio tailandés?

PEDRO: Sí, esa fue de las últimas noticias que tuve de ella, pero luego me contaron que había roto con él.

4 Responde a las siguientes preguntas.

a. ¿Quién de los dos recuerda más cosas del pasado?

b. ¿Qué solían merendar cuando eran pequeños? Y tú, ¿recuerdas cuál era tu merienda favorita?

c. Haz una lista de las cosas que te gustaba hacer de pequeño. Después, compárala con la de tu compañero. ¿Os gustaban las mismas cosas?

5 Vuelve a leer el diálogo. ¿Cómo se construyen los verbos *recordar* y *acordarse*? Ordena los elementos del recuadro. Escribe, después, dos frases con cada uno de los verbos.

de • recordar • acordarse • sustantivo o frase • sustantivo o frase

Estructuras:

a. .... + ...   b. .... + ... + ...

Ejemplos:

1. ....
2. ....
3. ....
4. ....

6 Mira estas imágenes.

Ahora escribe su historia. Para ello nosotros te damos unas pistas.

a. Antes tenía miedo a las alturas pero ahora no.

b. De pequeño solía ir tres veces por semana a la piscina.

c. Hizo un curso de submarinismo.

d. Se ha casado tres veces.

e. Estudió fotografía.

17 ¡Feliz cumpleaños!

1 Lee el siguiente diálogo y relaciona las preguntas con las respuestas.

PEDRO: ¡Hola, Nuria! ¡Felicidades!

NURIA: ¡Hola, Pedro! ¡Muchas gracias! ¡Entra, entra!

PEDRO: Toma, esto es para ti.

NURIA: ¡¿Un regalo?! No tenías que molestarte…

PEDRO: Es una tontería. Ábrelo, anda. Te lo he comprado en mi viaje a Barcelona.

NURIA: ¡Unos pendientes! ¡Me encantan!

PEDRO: Pruébatelos. Seguro que te quedan geniales.

NURIA: A ver, a ver. Pues sí, sí. Son preciosos. Ahora entra y toma algo.

PEDRO: Mmm… ¡Has preparado tortilla de patata!

NURIA: Sí, pero mejor no comas de esa. Prueba aquella otra, que está más jugosa.

PEDRO: Siéntate, anda. Ya me sirvo yo.

NURIA: ¡Niños! ¡No corráis por el salón! ¡Id a la calle!

PEDRO: Déjalos que se diviertan, Nuria.

NURIA: Es que son tremendos. Me los ha dejado aquí mi hermana después de comer y ya estoy medio loca.

PEDRO: Relájate, mujer, que es tu cumpleaños. Mira, olvídate de los niños y échale un vistazo a las fotos que he traído de mis vacaciones.

NURIA: Sí, sí. Enséñamelas.

1. ¿Quién cumple años?
2. ¿Quién ha estado de viaje?
3. ¿Qué le regala Pedro a Nuria?
4. ¿Qué ha preparado Nuria?
5. ¿De quién son los niños?

a. De la hermana de Nuria.
b. Unos pendientes.
c. Nuria.
d. Tortilla de patata.
e. Pedro.

2 ¿Qué cosas son típicas de una fiesta de cumpleaños? Coméntalo con tu compañero.

3 **Piensa en algunos verbos relacionados con las imágenes anteriores y formula sugerencias positivas y negativas con ellos.**

Ejemplo: **Las velas:** *Sóplalas/No las soples.*

....

....

....

....

....

....

4 **El imperativo tiene muchos usos. Busca los imperativos del texto, tanto positivos como negativos, y quién los dice. Luego rellena esta tabla.**

Hacer sugerencias	Dar órdenes	Invitar
Ejemplo: **Ábrelo, anda** –PEDRO		

5 **El imperativo aparece frecuentemente en la publicidad. Inventa un anuncio relacionado con un producto. Utiliza al menos un imperativo positivo y otro negativo.**

6 **Vuelve a leer el diálogo y di si las siguientes afirmaciones son verdaderas o falsas.**

En España:

	V	F
a. no es costumbre hacer un regalo de cumpleaños.		
b. hay que mostrar mucho entusiasmo cuando te hacen un regalo.		
c. la persona que regala suele darle mucha importancia a su regalo.		
d. los regalos se abren al final de la fiesta cuando todos los invitados se han ido.		

7 **¿Estas costumbres son iguales en tu país? ¿Qué diferencias hay? Coméntalo con tus compañeros.**

18 Si tú te vas...

1 **Lee el siguiente diálogo y completa el cuadro.**

Martín: ¡Qué bien! ¡Ya ha acabado el instituto!

David: ¡Sí, sí! Por cierto, ¿has pensado ya qué vas a hacer estas vacaciones?

Martín: Pues creo que iré a la playa con mi familia, pero antes trabajaré unas semanas en la empresa de mi padre…

David: ¿En serio? ¿Y de qué vas a trabajar?

Martín: Pues de repartidor, creo. Bueno, un poco de todo. Llevaré los paquetes del correo a las oficinas, haré fotocopias… todo eso.

David: Pues si ganas algo de dinero, es un plan perfecto.

Martín: ¿Y tú?

David: No lo sé, pero me parece que voy a pasar las vacaciones en Valencia. Me bañaré en el mar, comeré pescadito frito… En fin, lo de siempre.

Martín: Entonces no nos veremos más…

David: ¡Claro que sí, tonto! No voy a estar allí todo el verano, solo un par de semanas. Antes pasaré todo el mes de julio en la ciudad. Seguro que nos veremos mucho.

Martín: ¡Qué susto! Creía que me quedaba sin compañero para jugar al tenis.

David: Bueno, seguro que si me voy, conocerás a otra persona con la que jugar.

Martín: Ya, pero hacemos muy buen equipo.

David: Eso es cierto, sí.

¿Qué va a hacer David este verano?	¿Qué va a hacer Martín este verano?

2 **Busca en el texto las dos oraciones condicionales que utiliza David. Escríbelas aquí.**

3 **Ahora fíjate en las formas verbales que contienen. ¿Hay alguna diferencia entre ellas? ¿Qué expresan?**

4 **Qué planes tienes en tu vida? Fíjate en las imágenes y escribe una pequeña lista de propósitos.**

Ejemplo: *Si encuentro al hombre/a la mujer de mi vida, me casaré y tendré hijos.*

....

....

....

....

5 **¿Qué ocurrirá si...? Escribe oraciones condicionales expresando tu opinión sobre los temas que se plantean.**

- La Tierra/calentar.

  ....

- Nosotros/usar demasiado el coche.

  ....

- Nosotros/no reciclar.

  ....

- Nosotros/malgastar el agua.

  ....

1 Mi hermana y la letra erre

1 **Di todas las letras del alfabeto español.**

2 **Lee en voz alta las siguientes palabras. Luego, relaciónalas con su significado.**

trece reina bolígrafo calor girasol madre zorro rosa guerra

a. Una mujer en relación con su hijo. ....

b. Planta que tiene la flor amarilla y se mueve según la luz del sol. ....

c. Mujer que tiene la autoridad más alta en una monarquía. ....

d. Animal astuto. ....

e. Utensilio para escribir. ....

f. Flor. ....

g. Número. ....

h. Lucha con armas. ....

i. Temperatura alta. ....

3 **Ahora, lee el texto.**

Mi hermana no pronuncia bien la letra erre. Tiene dificultad con ese sonido sobre todo si es la primera letra de una palabra. Como, por ejemplo, en *reina* o en *rosa*. También tiene dificultad si está en medio de una palabra y es doble, como en *zorro* y en *guerra*.

Hay otras palabras que tienen la letra erre en medio. Por una parte está el grupo de palabras que la llevan al lado de una consonante. Como en *madre*, *bolígrafo* o *trece*. Esas no le parecen tan mal porque dice que suenan mejor. Y por otra parte está el grupo en el que está entre vocales, como *girasol*, pero en estas no tiene problemas. Para ella, las que van al final de una palabra, como *yogur* o *calor*, son divertidas.

Mi hermana dice que está enamorada del hermano de Susana, su mejor amiga. Y lo dice por dos razones. Una porque el chico toca la guitarra y a mi hermana le gusta mucho la música. Y dos, porque se llama Miguel López Díaz y no hay ninguna erre en su nombre.

Miguel viene el próximo viernes a pasar el fin de semana a casa de Susana. Tiene entradas para un concierto de Madonna. Mi hermana también tiene su entrada. Va a ser muy divertido oír lo que dice mi hermana al presentarse. A ella le gusta hacerlo de un modo formal y cuando alguien se presenta de ese modo tiene que decir su nombre y apellidos. Y es que mi hermana, que no pronuncia bien la letra erre, se llama Rosa Rodríguez Ramos.

4 **¿Por qué la hermana del narrador no puede pronunciar bien su nombre?**

5 **Explica las dos razones por las que le gusta el hermano de Susana.**

6 **Escribe una fórmula para presentarte de modo formal y otra para presentarte de modo informal.**

Presentarse de modo formal	Presentarse de modo informal

2 El secreto de la señora Gómez

1 Responde a este cuestionario y luego haz una puesta en común con tus compañeros.

¿Cuál es tu color preferido?

¿De qué color son las habitaciones de tu casa?

¿Qué color no te gusta nada?

2 Lee el texto.

La Sra. Gómez tiene un secreto. Un secreto que está relacionado con los colores. A ella le gusta el verde. Verde como el verde de los árboles. No le gustan ni azul del cielo, ni el negro de la pizarra, ni el amarillo del sol... Solo el verde. Nada más.

La casa de la señora Gómez está pintada de color verde. En el cuarto de baño todo es verde: el inodoro, el lavabo, la bañera… El dormitorio de sus hijas es verde: el despertador, las camas, las lámparas, las mesillas de noche… La cocina también es verde: el frigorífico, la lavadora, la pila… En el salón lo mismo, porque el sofá y la mesa son verdes, como las estanterías y las paredes. El marido de la señora Gómez tiene un coche verde. Las dos hijas van a estudiar al instituto. Sus dos hijas llevan unas mochilas y unas carpetas verdes. Y los libros. Y los cuadernos. Y los bolígrafos. Y los lápices.

El secreto de la Sra. Gómez está relacionado con su perro. Lo único que no es verde en la vida de la Sra. Gómez es su perro. Es un dálmata blanco con manchas negras. Y eso es algo que no le gusta a la Sra. Gómez. Por eso cuando su marido y sus hijas salen de casa ella le pinta de verde. Luego, por la noche, mete al perro en la bañera y lo baña con agua.

Todavía nadie ha descubierto su secreto.

3 Clasifica las siguientes palabras en el lugar correspondiente.

verde	azul	rojo	negro	amarillo
blanco	cuarto de baño	dormitorio	salón	cocina
despertador	inodoro	lavabo	bañera	cama
lámpara	mesilla de noche	frigorífico	lavadora	sofá
estantería	pizarra	mochila	carpeta	libro
cuaderno	bolígrafo	pila	lápiz	mesa

Colores	Habitaciones de la casa	Objetos de la casa	Objetos de la escuela

4 ¿Por qué crees que la Sra. Gómez oculta este secreto a su familia?

....

....

5 La Sra. Gómez tiene la manía del color verde. ¿Cuál es tu manía?

....

....

3 Las respuestas de mi abuela

1 **¿El tiempo influye en el carácter de las personas? ¿Cuándo estás mejor, cuando hace buen tiempo o cuando hace mal tiempo?**

....

....

2 **Lee el texto.**

La abuela Margarita es la madre de mi madre. Es una mujer de setenta y dos años, de cara redonda y ojos grandes y azules. La abuela Margarita es alegre y divertida. Y es una mujer inteligente que siempre tiene la respuesta exacta a cualquier pregunta. Bueno, a cualquier pregunta menos cuando hablamos de mi abuelo.

Mi abuelo murió hace muchos años. Siempre que la abuela tiene que hablar de cómo era su marido sus descripciones coinciden con su estado de ánimo y con el sol, o la lluvia o el viento de ese día.

▸ murió: pasado de "muere" (verbo *morir*).
▸ era: pasado de "es" (verbo *ser*).

Si es un día de sol y le preguntas por el abuelo, la abuela Margarita dice: "Creo que era un hombre alto. Muy alto. De pelo negro y de ojos verdes. Interesante y trabajador. Atractivo. Muy atractivo. Y, por supuesto, elegante, siempre vestido con camisa blanca, traje y corbata...".

Si por el contrario es un día de lluvia, la abuela Margarita dice: "Creo que era bajo. Con el pelo rubio y rizado. Callado y triste. Y aburrido. Muy aburrido. Era el hombre más aburrido del mundo…".

En un día de viento, esos son los días que menos le gustan a la abuela, todo lo ve peor: "Creo que era calvo. Sin un solo pelo en la cabeza. Con barba. Una barba larga y negra. Y era gordo. Y antipático. Y muy vago…".

Yo sé que las tres descripciones son diferentes y que solo una puede ser verdad. También sé que ella sabe perfectamente cómo era mi abuelo. Cuando le pregunto cuál es la descripción correcta, si la de los días de sol, si la de los días de lluvia o si la de los días de viento, mi abuela me dice: "Las tres son verdad. Porque dependiendo del día todos somos algo diferentes cuando nos miran los demás".

3 **Subraya todas las palabras que indican descripción y clasifícalas en descripción física y de carácter.**

Descripción física: ....

Descripción de carácter: ....

4 **Para describir se usan generalmente tres verbos: *ser*, *tener* y *llevar*. Clasifica las siguientes palabras con su verbo correspondiente.**

ojos oscuros • fuerte • abrigo • moreno • barba • nervioso • aburrido • trabajador • falda • simpático • pantalones • inteligente • pelo liso • pelo largo • pelo rizado • alto • gordo • delgado • gafas • bigote • triste • zapatos • ojos verdes

Ser	Tener	Llevar

5 **Describe a una persona de tu familia o a algún amigo en un día de sol, en un día de lluvia y en un día de viento.**

4 Amor en el museo

1 **Organiza tu agenda de la semana, anota las cosas que haces.**

Lunes	Martes	Miércoles	Jueves	Viernes	Sábado	Domingo

2 **Ordena la historia y después, lee el texto ya ordenado.**

☐ Los domingos Teresa se despierta a las ocho y cinco y desayuna. Se ducha a las ocho y veinte y se viste. A las nueve menos veinte coge el metro para acudir a la cita con su novio que siempre es en el Museo del Prado.

☐ Teresa estudia Historia del Arte. Sus clases en la Universidad son de lunes a viernes. Los lunes, miércoles y viernes, empieza a las nueve de la mañana y termina a las dos de la tarde. Los martes y jueves, también empieza a las nueve pero termina a las tres. Durante esos días estudia muy duro porque el fin de semana cierra los libros y prefiere divertirse.

☐ Los domingos la entrada al museo es gratis. A la hora que ella llega casi nunca tiene que esperar cola para coger la entrada. Solo alguna vez, en los meses de julio y agosto, cuando hay más turistas, tarda un poco más.

☐ Cuando Teresa entra en el Museo del Prado pasa corriendo delante de los cuadros de la planta baja porque la cita con su novio es en la primera planta. Cuando ella llega, su novio siempre está esperando. Lo hace junto al cuadro de *La Fragua de Vulcano*. O mejor dicho, lo hace exactamente dentro del cuadro. Porque el novio de Teresa es uno de los personajes que aparecen en la pintura. Es el chico de pelo rizado, el que tiene barba de unos días. Por lo menos es eso lo que dice ella.

☐ Los sábados a menudo sale con los amigos. Muchas veces va de paseo con ellos. Algunas veces al cine… Pero siempre se acuesta pronto porque los domingos tiene una cita con su novio a las diez en punto.

3 **Organiza la agenda de Teresa durante la semana y compárala con la tuya.**

Lunes	Martes	Miércoles	Jueves	Viernes	Sábado	Domingo

4 **Este es el cuadro que Teresa va a ver al Museo del Prado todos los domingos. Localiza a su novio en el cuadro.**

5 El extraño viaje de don Julián

1 **Escribe todas las palabras que conoces relacionadas con "pasajero". Compara tu lista con la de tus compañeros y complétala con las palabras que no tienes:**

Maleta; ....

2 **Lee el texto y resume cada párrafo en el espacio en blanco:**

Una de las estaciones de tren que hay en Madrid se llama Chamartín. A don Julián todo el mundo le conoce en esa estación. Desde el chico de la limpieza a la empleada de la ventanilla de billetes. Desde el policía que se encarga de la seguridad al camarero de la cafetería. Hace diez años que don Julián va a Chamartín todos los días de la semana a las ocho en punto de la mañana. Y lo curioso es que don Julián no trabaja allí. Tampoco viaja.

....

Don Julián sabe que se puede viajar en clases distintas. Que un billete en turista cuesta más barato que uno en preferente. Pero que en turista el viaje es menos cómodo que en preferente. Don Julián piensa que viajar en una clase o en otra no tiene importancia, porque al final todos los pasajeros viajan en el mismo tren y llegan al mismo tiempo.

....

Don Julián mira a los chicos con mochila y a las chicas con maleta. A los matrimonios que viajan con mucho equipaje y a los hombres y mujeres de negocios que viajan con una cartera.

....

Le gusta ver a los pasajeros que se mueven rápidos de un sitio a otro buscando el tren y el andén que les llevará a la ciudad donde quieren ir. Unos van a ciudades lejanas, otros se quedan cerca. Unos van al norte, otros al sur. Cada pasajero lleva un destino. El único que puede viajar a todos los destinos a la vez es él. Y es que don Julián en su extraño viaje, sin comprar billete, sin salir de la estación, piensa que con mirar dónde va la gente puede tomar todos los trenes.

....

3 **¿Verdadero o falso? Justifica tu respuesta.**

		V	F
a.	Chamartín es una estación de tren que hay en Barcelona.		
b.	En esta estación todo el mundo conoce a don Julián.		
c.	Don Julián viaja mucho en tren.		
d.	Si tienes un billete de clase preferente llegas antes a tu destino.		
e.	Cada persona viaja con un tipo de equipaje distinto.		
f.	Julián puede viajar a muchos destinos a la vez.		

4 **Ahora piensa en tu medio de transporte favorito y destaca sus virtudes con respecto al resto de medios de transporte.**

Prefiero viajar en avión porque es muy rápido. ....

....

6 Lucía y Nicole

1. **Describe a tu mejor amigo o amiga en unas líneas. ¿Cómo es físicamente? ¿Qué quiere ser de mayor? ¿Cuáles son sus platos preferidos?**

2. **¿Qué aficiones tienes? ¿En qué coincides con tu mejor amigo o amiga?**

3. **¿Tienes algún amigo en la web? Di cómo lo conociste y qué relación tienes con él.**

4. **Lee el texto.**

Mi vecina del tercero se llama Lucía. Tiene dieciocho años y es la chica más guapa del portal. Su boca es grande, su nariz pequeña y sus ojos son inmensos y de color miel. Lucía quiere ser modelo y siempre cuida su dieta para no engordar. Es vegetariana y solo come ensaladas y verduras. Odia la carne y el pescado.

Lucía estudia en un colegio bilingüe español-francés de Valencia. Le gusta muchísimo ir al gimnasio, mucho hacer submarinismo y bastante montar a caballo. A través de un anuncio de Internet ha conocido a Nicole, una chica francesa que estudia en París en otro colegio bilingüe francés-español. Son buenas amigas desde hace siete meses.

Lucía y Nicole tienen algunas aficiones en común. A las dos les gusta encerrarse en su habitación y escuchar música a todas horas. Sobre todo a Kylie Minogue. A las dos les gusta leer novelas de misterio y de terror. Sus preferidas son las de Stephen King. Y a las dos les gusta pasar horas en el chat conversando con los amigos que tienen en otros países para practicar idiomas.

Lucía y Nicole aún no se conocen en persona. Solo se han visto en foto. Es posible que Nicole venga a España el próximo verano después de los exámenes. Sus padres están preparando las vacaciones en un pueblo de la Costa Brava que se llama Blanes. De Blanes a Valencia hay más de 400 kilómetros y se tarda cinco horas en autobús. Nicole ya tiene permiso para pasar unos días en casa de su amiga.

5. **Lucía y Nicole no se conocen. Este verano Nicole va a pasar unos días en casa de Lucía en Valencia. Inventa el diálogo de su primer encuentro.**

6 **Busca información de Valencia e imagina qué lugares van a visitar.**

....

7 **¿Qué otros planes crees que tiene Lucía para Nicole estos días?**

....

8 **¿Crees que surgirá algún problema entre ellas? ¿Por qué?**

....

9 **Ahora, lee el final de la historia y compara con tus hipótesis.**

Lucía está pensando en todo lo que hará con Nicole cuando venga a visitarla. Quiere presentarle a sus amigos. Quiere enseñarle su colegio. Quiere llevarla a la Ciudad de las Artes y las Ciencias. Quiere invitarla a su gimnasio y a la playa donde practica submarinismo. Pero sobre todo quiere llevarla a su restaurante favorito donde según ella preparan las mejores ensaladas del mundo. Lo que no sabe Lucía es que Nicole lleva semanas soñando con ir a Valencia para comer todos los días paella con pollo y conejo.

10 **Completa el cuadro con los datos de la lectura.**

	Lucía	Nicole
Descripción física		
Preferencias en las comidas		
Deportes que le gustan		
Aficiones		

11 **¿En qué coinciden Lucía y Nicole?**

....

12 **La Ciudad de las Artes y las Ciencias de Valencia es un complejo cultural muy extenso que comprende varios edificios. A continuación, tienes información sobre este lugar. Léela y decide qué parte te gustaría visitar y por qué.**

Se trata de un complejo arquitectónico, cultural y de entretenimiento de la ciudad de Valencia (España), inaugurado en 1998. Los edificios que lo integran son:

- L'Hemisfèric: con forma de ojo. Sala de proyecciones de cine IMAX, planetario y láser.
- El Museo de las Ciencias Príncipe Felipe: con forma parecida al esqueleto de un dinosaurio, es un museo interactivo de ciencia.
- L'Umbracle: paseo ajardinado con especies autóctonas de la Comunidad Valenciana cubierto por arcos flotantes desde donde se puede ver todo el complejo de la Ciudad de las Artes y las Ciencias. Alberga en su interior el Paseo de las Esculturas, una galería de arte al aire libre con esculturas de autores contemporáneos (Miquel Navarro, Francesc Abad, Yoko Ono y otros).
- L'Oceanogràfic: es el acuario más grande de Europa, con 110 000 metros cuadrados y 42 millones de litros de agua.
- Palacio de las Artes Reina Sofía: está dedicado a la música y a las artes escénicas.

7 Un CD, un libro y unas gafas amarillas

1 **Imagina que tienes 200 euros para gastar. ¿Qué te compras? ¿Por qué? ¿Para qué?**

2 **Lee el texto y resume en una frase el contenido de cada párrafo.**

Una vez al año, Rubén rompe la hucha donde guarda el dinero que ahorra y va de tiendas. Los tres artículos que más le gusta comprar son CD, libros y gafas de sol. Este año tiene 137 euros. Rubén necesita una tarde entera para comprar esas cosas.

Resumen 1 ....

Las gafas de sol que busca son unas gafas de cristales de color amarillo. Rubén entra al centro comercial un poco antes de las cuatro. Lo primero que hace es buscar la tienda de óptica. Allí pregunta por las gafas. Después de probárselas pregunta al dependiente cuánto cuestan. En el centro comercial están de oferta y cuestan 29 euros menos que en cualquier otro centro. Rubén tarda menos de un minuto en comprarlas.

Resumen 2 ....

A Rubén le gustan los discos de jazz y los de pop, los de música clásica y los de rock. Lo mismo sucede con los libros. Le gustan las novelas históricas y las de ciencia-ficción, las de espionaje y las biografías. Siempre duda si quiere este libro o aquel, si prefiere ese disco o ese otro, porque en el fondo los quiere todos.

Resumen 3 ....

....

De nada sirve que alguien le recomiende. Tiene que decidirlo él mismo. Por eso, cuando solo quedan unos minutos para cerrar la tienda, Rubén cierra los ojos y pasa la mano por las estanterías dejando que sea la suerte quien lo decida. La suerte nunca se equivoca con él.

Resumen 4 ....

....

3 **Enumera todas las acciones que lleva a cabo Rubén para comprarse las gafas de sol en el centro comercial.**

4 **Haz una encuesta a tres compañeros sobre sus gustos en música y lectura. Completa el cuadro. Luego, haced una puesta en común con los resultados obtenidos. ¿Cuál es la música preferida de la clase? ¿Qué libros gustan más?**

Nombre del compañero	Música	Lectura
Rubén	*Jazz, pop, clásica, rock*	*Novelas históricas, ciencia-ficción, espionaje y biografías*

Enamorados de norte a sur

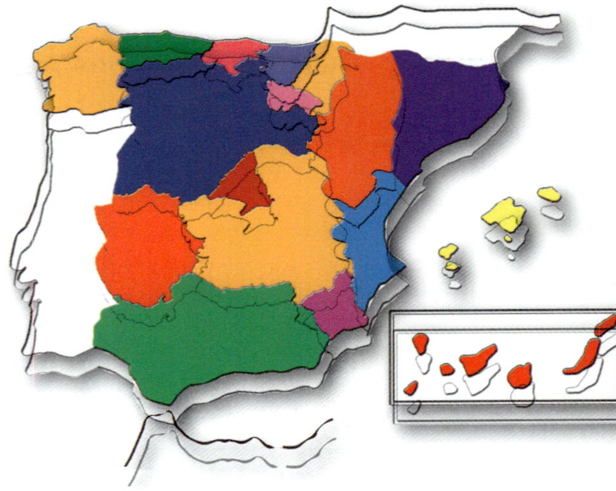

1 **Sitúa en el mapa dónde están los Pirineos y las Islas Canarias.**

2 **Lee la historia.**

Beatriz vive en un pueblo del norte de España cerca de los Pirineos. Es un pueblo pequeño. En primavera y en otoño siempre está lloviendo. En verano, por el día hace calor y por la noche refresca. Y en invierno nieva y hace frío. El pueblo de Beatriz es el lugar perfecto para esquiar.

Manuel vive en las Islas Canarias. En el sur de Gran Canaria donde todo el año es primavera. Canarias es el lugar perfecto para tomar el sol y hacer deportes de mar.

Beatriz y Manuel se conocieron en un campamento el verano pasado. Todos los días Manuel y Beatriz se conectan a Internet para charlar. Quieren conocerse más.

Cuando hablan, por lo general las frases de Beatriz empiezan por *tienes que*: *Tienes que estudiar más porque estás de exámenes*..., frases que indican obligación de hacer algo. En cambio, las frases de Manuel empiezan por *debes*: *Debes cerrar el Messenger porque mañana madrugas*, frases que no nos hacen sentir obligación, es una forma de dar consejos.

Las frases son casi iguales pero el significado es algo diferente. Por eso han llegado al acuerdo de empezarlas por *hay que* y de utilizar el plural. Hablar en plural es la forma que tienen de hablar los enamorados para hacer las cosas en común.

3 **Anota los datos de las dos zonas de España que se mencionan en el texto.**

Los Pirineos: ....

Las Islas Canarias: ....

4 **Después de lo que conoces de estas zonas, ¿dónde preferirías vivir? ¿Por qué?**

....

....

5 **Describe las dos estaciones del año que más te gustan.**

....

....

6 **¿Por qué Beatriz utiliza la estructura *tener que* y Manuel *deber*? Explica con tus propias palabras qué diferencia hay entre ellas y pon un ejemplo.**

7 **Otra estructura para expresar la obligación es *hay que* + infinitivo. ¿Cuándo se utiliza? Pon un ejemplo.**

8 **Dale consejos a tu compañero según estas situaciones.**

Situación 1: Le duele el estómago porque ayer comió muchas chuches.

Situación 2: Tiene un examen de matemáticas y todavía no sabe nada.

Situación 3: Lleva cinco horas en el Messenger.

Tres páginas de un diario

1 ¿Tienes costumbre de escribir un diario? ¿Desde cuándo lo haces? ¿Para qué te sirve?

....

2 ¿Tienes algún animal doméstico? Dinos cómo es.

....

3 ¿Has cuidado alguna vez animales de otras personas? ¿Cómo te ha ido?

4 Lee la historia.

Viernes noche

Querido diario:

Hoy no voy a escribir todo lo que he hecho durante el día. Hoy solo voy a contar algo muy raro que me ha sucedido. La nueva vecina me ha pedido el favor de sacar a su perro a pasear durante dos días. Me lo ha dicho en un tono muy extraño. Tan extraño como ella, que es mayor, delgada, de pelo muy largo blanco y siempre vestida de negro. Me ha dicho que me lo va a pagar bien.

Sábado noche

Querido diario:

Esta mañana me he levantado antes de la hora, me he duchado rápido y he ido a casa de la vecina para sacar a su perro. Ha sido imposible. Me he acercado al perro y, cuando me ha visto, se ha escondido debajo la cama. No estoy seguro, pero me parece que es un perro grande de color negro.

Por la tarde he vuelto otra vez a la casa y tampoco he podido sacarlo. Hasta que no se ha hecho de noche el perro no ha querido salir a la calle. Entonces le he puesto la correa alrededor del cuello y lo he acariciado.

Domingo noche

Querido diario:

Otra vez la misma aventura con el perro. Ha sido imposible sacarlo a pasear por la mañana o por la tarde. Hasta que no se ha puesto el sol no ha querido salir de casa. Creo que es un perro tan extraño como la dueña.

Por cierto, su dueña ha regresado a última hora, me ha dado las gracias y me ha pagado el dinero prometido. Le he contado los problemas que he tenido. También le he preguntado por el nombre del perro y, sonriendo, ha pronunciado muy despacio: "Vampiro".

5 ¿Qué ha hecho el protagonista de este diario el sábado?

....

6 Explica cómo te imaginas al animal. ¿Qué clase de perro es? ¿Por qué se llama Vampiro?

7 En parejas, vais a escribir un diario. Sigue las instrucciones.

a. El diario comprende tres días.

b. Incluye el relato de algo extraordinario que os ha ocurrido. Puede ser real o inventado.

c. El final tiene que ser sorprendente.

10 Un cajero automático diferente

1 **Describe con tus palabras qué es un cajero automático.**

2 **Ordena las opciones del cajero automático.**

- 1 Elegir el idioma.
- 2 Elegir la operación a realizar.
- 3 Introducir su número personal.
- 4 Meter la tarjeta de crédito.

3 **Lee la historia.**

Aquella noche Ismael salió con unos amigos para ir a ver una película de Penélope Cruz. Al día siguiente, por la mañana, no oyó el despertador y se quedó dormido. Para no llegar tarde al trabajo llamó a un taxi. Al entrar al taxi, le dijo al taxista: "Por favor, ¿puede parar en un cajero automático? Tengo que sacar dinero". El taxista cogió la primera calle a la izquierda, siguió recto y luego giró por la segunda a la derecha.

Cuando llegaron al cajero lo primero que hizo Ismael fue meter la tarjeta de crédito, elegir el idioma y después introducir su número personal. Ismael se sorprendió cuando entre las opciones del cajero, en vez de aparecer la de "retirada en efectivo", aparecieron:

- **OPCIÓN 1.** CAFÉ CON LECHE CON AZÚCAR.
- **OPCIÓN 2.** CAFÉ SOLO SIN AZÚCAR.

Ismael pensó: "Qué sueño tengo. Esto es un error informático". Anuló la operación y sacó la tarjeta. Volvió a repetir todo. Un nuevo mensaje del cajero le sorprendió:

SI PARA CENAR CON LOS AMIGOS USTED PREFIERE UN BAR DE TAPAS, **PULSE** 1.
SI PARA CENAR CON LOS AMIGOS USTED PREFIERE UN RESTAURANTE, **PULSE** 2.

Ismael miró a su alrededor: "Esto es una broma", pensó. Entonces volvió otra vez a repetir las operaciones. La respuesta del cajero fue inmediata:

- ¿QUÉ OPINA USTED DE PENÉLOPE CRUZ COMO ACTRIZ?

SI NO LE GUSTA, **PULSE** 1.
SI LE GUSTA A VECES, **PULSE** 2.
SI LE GUSTA SIEMPRE, **PULSE** 3.

Anuló la operación y se guardó la tarjeta. Al entrar al coche, el taxista le preguntó: "¿Le llevo a otro cajero?" De pronto, se despertó, miró el reloj: "¡Las 11 de la mañana! Nunca más volveré a trasnochar en días laborables".

4 **Ordena la información de lo que hizo Ismael según el texto que has leído.**

- ☐ Al llegar al cajero metió la tarjeta, eligió el idioma y marcó el número personal.
- ☐ Las opciones del cajero no fueron las normales.
- ☐ Como por la noche salió con sus amigos, por la mañana se quedó dormido.
- ☐ Tuvo que coger un taxi para ir al trabajo.
- ☐ Se despertó del sueño.
- ☐ El taxi paró en un cajero automático.
- ☐ No pudo sacar dinero y decidió volver al taxi.

5 **Explica el significado de estas expresiones y escribe una frase con cada una de ellas. Puedes consultar el diccionario.**

a. Llegar tarde. **b.** Ser una broma. **c.** Tener sueño. **d.** Quedarse dormido.

11 Una encuesta por teléfono

1 Aquí tienes las preguntas que un entrevistador hace a una chica que responde al teléfono. Léelas y, luego, busca la respuesta correspondiente a cada pregunta. Después, lee el texto ordenado.

Preguntas del entrevistador:

1. ☐ Hola, buenos días, ¿Alicia Martín? Me llamo Alejandro, me han dado tu número de teléfono y me gustaría hacerte unas preguntas.
2. ☐ ¿A qué te dedicas?
3. ☐ Por la materia que estudias, ¿supongo que te interesa el mundo de la moda?
4. ☐ ¿Cómo te defines como persona?
5. ☐ ¿Y cómo te gusta que sea la gente que está a tu alrededor?
6. ☐ ¿Cómo no te gusta?
7. ☐ ¿Tienes novio?

Es cierto. Disculpa. Lo primero que tengo que decirte es que esto no es una encuesta. Yo voy a comer al burguer dos veces por semana. Bueno, desde hace un mes, desde que estás tú, todos los días. Mi oficina está en la calle de al lado... Soy un chico alto y rubio que siempre se pone en la fila de tu caja..., soy el que pide los menús de pollo con bacon... Y ahora que te lo he contado todo, ¿me vas a decir si te gustaría tener novio?

Respuestas:

a. No me gusta silenciosa, triste ni aburrida.
b. Me gustan las encuestas. Así que... ¡Adelante!
c. Igual que yo. Así es más fácil entenderse.
d. Soy divertida, habladora y activa.
e. Trabajo y estudio. Por la mañana trabajo en un burguer y por la tarde estudio en una academia de Diseño de Moda. Lo del burguer es desde hace un mes y lo hago para ayudarme a pagar las clases, que son muy caras.
f. Claro. Mi sueño es trabajar como diseñadora de ropa.
g. Bueno..., esa es una pregunta muy personal que no voy a responder. Además, llevamos un rato hablando y todavía no me has dicho cuál es el objetivo de esta encuesta.

2 Verdadero o falso. Justifica la respuesta.

	V	F
1. El chico que la entrevista no le hace una encuesta.		
2. El chico va a comer al burguer dos veces por semana.		
3. La oficina del chico está al lado del burguer.		
4. El chico se describe físicamente para identificarse.		
5. El chico no le dice lo que pide para comer.		
6. Alicia es una de las cajeras del burguer.		
7. El chico nunca se pone en la fila de la caja de Alicia.		
8. Alicia le dice que tiene novio.		

3 Prepara una entrevista similar a la que has leído en el texto.

4 Entrevista a un compañero de clase y toma nota de las respuestas.

5 Escribe un final a modo de conclusión.

12 La pensión Mari Luz

1 Di todas las palabras que conoces que te sugiere esta definición.

Casa donde se da comida y alojamiento mediante pago

2 Lee el texto.

1 La pensión Mari Luz está en el primer piso de la calle de la Paz número 45. Antes en el tercero, pero como en el edificio no hay ascensor, decidieron cambiarla al primero, así los huéspedes no tienen que subir y bajar maletas por la escalera. La pensión Mari Luz, que todavía no tiene un cartel en la puerta, es una buena pensión. Sus habitaciones son tan grandes que resultan cómodas y sus precios tan económicos que se paga menos que en un hostal.

2 Yo vivo en el mismo edificio. Para ser exactos, en el tercer piso. Mi padre es dentista y tiene una consulta. Soy la encargada de abrir y cerrar la puerta para recibir a los clientes y de dar citas por teléfono. La consulta funciona los lunes, miércoles y viernes. Los martes y jueves mi padre trabaja en una clínica y me quedo sola.

3 Todavía hay personas que no saben que la pensión ha cambiado de piso. La dirección que traen anotada de la calle de la Paz es la correcta pero no el piso. Así que, normalmente, casi todas las semanas una o dos personas llaman por equivocación al timbre de mi consulta. Cuando esto sucede, si es un lunes, miércoles o viernes, y mi padre está, me limito a informar a la persona que ha llamado al timbre que se ha equivocado de piso, que la pensión está ahora en el primero. En cambio, si es un martes o un jueves, como estoy sola y algo aburrida, lo que hago es divertirme.

4 El otro jueves llamó a mi timbre un chico con dos maletas inmensas y me preguntó por la pensión Mari Luz. Yo no le respondí. Me limité a mirarle sin hacer ningún gesto de asentimiento, es decir, que no moví la cabeza de arriba abajo repetidamente. Tampoco hice ningún gesto de rechazo, es decir, que no moví la cabeza de derecha a izquierda. El chico sonrió y volvió a preguntármelo. Y yo volví a quedarme en silencio. De algún modo lo que yo hice es todo lo que no hay que hacer para comunicarse bien.

5 El chico volvió a preguntar una tercera vez. No perdió la sonrisa ni se puso nervioso. Por fin me entregó un e-mail impreso de la pensión Mari Luz donde le confirmaban una habitación individual por cuatro días. Como no cogí el papel, un momento después intentó darme su pasaporte. Casi me echo a reír, pero me controlé. Entonces el chico cruzó la puerta y se sentó en una silla de la sala de espera. De la sala que utilizamos con los pacientes hasta que llega su turno. Yo seguí mirándole sin decir nada. Estuvimos media hora sin hablar.

6 Pensé una forma no verbal para decirle: "Sal de casa, baja las escaleras y en el primer piso está la pensión". Así que entré en la consulta y, a los dos minutos, salí con una jeringuilla de anestesia en la mano. El chico abrió tanto los ojos que casi se le salen, cogió las dos maletas y bajó corriendo por las escaleras. Cuando llegó al segundo, le grité: "La pensión Mari Luz está en el primer piso y es buenísima".

3 Di si las informaciones que te damos son correctas o incorrectas con respecto al texto. Justifica tu respuesta.

a. La pensión no tiene cartel en la puerta de manera que los huéspedes no saben en qué piso está.
b. Las habitaciones son pequeñas y muy caras.
c. Solo los huéspedes suben con ascensor.
d. El padre de la chica es dentista y tiene consulta tres días por semana.
e. La pensión ha cambiado de piso pero todos los huéspedes lo saben.
f. Muchas veces la chica se divierte con la gente que se equivoca de piso.

g. La chica nunca ha gastado ninguna broma a ningún huésped.
h. El otro día un chico se equivocó de piso y llamó a la consulta.
i. La chica le explicó detalladamente dónde está la pensión.
j. Esta vez la chica le gastó una broma desagradable al chico.

4 **Lee la información que aparece debajo y di a qué párrafo del texto pertenece.**

a. ☐ Un chico llama a la puerta de la protagonista. Pregunta por la pensión. Ella no le responde. El chico vuelve a preguntar pero no recibe respuesta ninguna.

b. ☐ Como no quiere hablar con él, piensa una broma para que se asuste. Al final sale de su casa asustado.

c. ☐ No hay cartel. No hay ascensor. Los huéspedes llevan maletas. Habitaciones grandes y precio económico.

d. ☐ La protagonista es hija de un dentista. Le ayuda en la consulta. Contesta al teléfono, abre la puerta. Hay unos días de la semana que tiene que trabajar pero otros no.

e. ☐ La pensión ha cambiado de piso pero no lo han puesto en las tarjetas. Algunas personas se equivocan.

f. ☐ El chico insiste y vuelve a preguntar. Como la protagonista no le responde, decide entrar en su casa y sentarse.

5 **Fíjate en los imperativos de esta frase sacada del texto: "Sal de casa, baja las escaleras y en el primer piso está la pensión". Señala a qué uso del imperativo pertenece.**

a. ☐ Dar instrucciones o explicaciones.
b. ☐ Dar consejos.
c. ☐ Dar órdenes, mandar.
d. ☐ Invitar a hacer algo, conceder permiso.
e. ☐ Llamar la atención.

6 **Escribe una frase en imperativo por cada uno de los usos anteriores que no se han utilizado en el texto.**

Uso de imperativo	Frase

7 **Relaciona los gestos que aparecen en las viñetas con su significado.**

1. ☐ Saludar.
2. ☐ Despedirse.
3. ☐ Asentir.
4. ☐ Rechazar.

A.

B.

C.

D.

8 **En el texto que has leído, la protagonista describe dos de estos gestos. Di cuáles y subraya en el texto la descripción.**

13 Un caso para el inspector Suárez

1 **¿Te gustan las lecturas policiacas? ¿Conoces a estos detectives o inspectores que te presentamos a continuación? Di lo que sabes de ellos y, si conoces otros, coméntalo con tus compañeros.**

Sherlock Holmes, conocido como el mejor detective del siglo XIX. Acompañado por el Doctor John H. Watson, médico y amigo. El creador de este personaje fue el inglés Arthur Ignatius Conan Doyle.

Hercules Poirot, famoso detective belga. Este personaje es creación de la autora inglesa Agatha Christie, famosa mundialmente por sus novelas policiacas.

Pepe Carvalho, es el detective de ficción más célebre de España. Creado por el escritor Manuel Vázquez Montalbán.

2 **Esta es la situación y el principio de la historia.**

El inspector Suárez está sentado en la biblioteca de la casa de la (1) baronesa Josefina. Tiene que investigar el robo de su broche *Águila Imperial*. Al (2) inspector Suárez le acompaña su (3) ayudante Basil. Junto a ellos, además de la baronesa, está Román el (4) mayordomo, Tomás el (5) chófer y Natalia la (6) criada. Uno de ellos es el (7) ladrón.

Ahora, relaciona cada definición con las palabras numeradas del texto anterior y vuelve a leerlo.

- **a.** Persona que reconoce o examina algo. [2]
- **b.** Persona que, por oficio, conduce un coche. [ ]
- **c.** Mujer del barón. Título nobiliario. [ ]
- **d.** Persona que trabaja en el servicio doméstico. [ ]
- **e.** Persona que roba, que coge las cosas ajenas. [ ]
- **f.** Criado principal. Es el responsable del cuidado de la casa. [ ]
- **g.** Persona que colabora con otra. [ ]

3 **Lectura:**

El inspector les pregunta qué han hecho esa mañana.

– Inspector –dijo la baronesa Josefina–, primero quiero hablar yo. Hoy me he levantado tarde. Siempre me levanto tarde porque no me gusta **madrugar**. Jamás he madrugado. Muchas veces me levanto a las once de la mañana, algunas veces a las diez, pero nunca antes de las nueve. Si necesito hacer algo a primera hora, prefiero no acostarme antes que madrugar. Hoy, cuando me he levantado, he pedido el desayuno, he leído el periódico y he entrado al baño. He **tardado** una hora en **arreglarme**. Luego, he ido a ponerme el broche de diamantes para asistir a la recepción del embajador de Noruega cuando me he dado cuenta de que el **broche** había **desaparecido**. Ha sido entonces cuando he llamado por teléfono a la policía.

– Muchas gracias, baronesa. Es su turno, Román. ¿Qué ha hecho usted?

– Sr. Inspector –dijo el mayordomo–. Esta mañana me he levantado a las ocho y media. He revisado la casa. He cogido el periódico de la puerta y lo he dejado en la cocina. La criada se lo lleva a la baronesa con el desayuno. Luego, como no tenía nada más que hacer, he venido a esta biblioteca, he buscado un libro y he leído un rato.

– Gracias, Román. ¿Y usted qué ha hecho, Tomás?

– También me he levantado a las ocho y media –dijo el chófer–. He bajado al garaje, he lavado el coche. Eso me ha llevado aproximadamente una hora y media. Luego he vuelto a mi habitación a esperar el aviso de la baronesa. He puesto la televisión y he visto un concurso de preguntas y respuestas.

– Solo falta usted, Natalia. ¿Qué ha hecho hoy?

– Pues, mire: yo, como soy la criada, he estado trabajando en la casa, me he levantado a las seis. He hecho mi cama. He subido a la habitación de la baronesa a **encender** la calefacción. He bajado. He **barrido** toda la casa. He **fregado** el salón porque ayer la baronesa se quedó hasta muy tarde viendo una película. He limpiado la cocina. He **regado** las plantas de la terraza. He ido a la panadería, he comprado pan recién hecho. He regresado. He **planchado** la ropa que **tendí** ayer. He limpiado la **cubertería** de plata. He **sacado brillo** a los muebles de madera... Y a las diez y media, cuando se ha despertado la baronesa, he preparado su desayuno y se lo he subido a la habitación, junto con el periódico.

– Gracias, Natalia –dijo el inspector–. Muchas gracias a todos. Su información ha sido de gran ayuda. Creo que no hay ningún culpable.

El inspector Suárez y su ayudante Basil pidieron un taxi y se marcharon.

4 **Observa las palabras marcadas en el texto y explica su significado. Si quieres puedes usar el diccionario.**

5 **Haz una lista de todas las acciones que han realizado los personajes sospechosos de la historia.**

a. Baronesa: ....

b. Mayordomo: ....

c. Chófer: ....

d. Criada: ....

6 **Analiza con tu compañero las acciones realizadas por los personajes de la historia y decid quién es el ladrón y por qué. Después escribid un final para la historia.**

7 **Ahora, leed el final que corresponde a la versión original de la historia. ¿Coincide con vuestra versión?**

– ¿Le parece un caso tan difícil como para no saber quién es el ladrón? –quiso saber Basil.

– En absoluto, querido Basil. Es uno de los casos más sencillos que he tenido –respondió Suárez–. La ladrona es la criada. Es la única persona que ha entrado en la habitación de la baronesa cuando todavía dormía. Recuerde que ha dicho: *"He subido a la habitación de la baronesa a encender la calefacción"*. La criada robó el broche y después se deshizo de él cuando salió de la casa a comprar pan.

– ¿Y no va a detenerla?

– No. La criada es la única persona que trabaja de verdad. La baronesa es muy amiga mía y deteniendo a su criada no le hago ningún favor. Además, querido Basil, sepa usted que el broche *Águila Imperial* no tiene valor. Se trata de una simple imitación. Y lo sé porque fui yo quien se lo regaló a la baronesa.

8 ***El inspector Gadget* es una serie de televisión de dibujos animados sobre un detective torpe y despistado. El inspector Gadget es además un *cyborg* equipado con varios "gadgets" (artilugios) colocados por todo su cuerpo. Su principal enemigo es el Dr. Garra. Todos los casos los resuelve con su perro Sultán y su sobrina Penny/Sophie. Si entras en la web: http://www.youtube.com/watch?v=CUZN0I1rETY, podrás verlo.**

9 **Ahora entra en http://es.wikipedia.org/wiki/Inspector_Gadget y anota todo lo que encuentres sobre los personajes y los "gadgets" del inspector.**

14 Leyendas urbanas

1 ***Urb, urbis*** **es una palabra latina que significa "ciudad". Ahora, ¿puedes explicar lo que es una leyenda urbana? ¿Conoces alguna?**

2 **Aquí tienes la historia con los párrafos desordenados. Lee cada párrafo y, según el contexto, ordénalos debidamente. Luego puedes leer la historia de nuevo.**

3 **Lectura.**

Hola, José María:

☐ **A.** Sí, Nacho. *Overbooking*. Porque el *overbooking* existe. No es ninguna leyenda urbana. Leyendas urbanas son esas historias que te gustan a ti como la del motorista fantasma que se aparece en la carretera para ayudar a los automovilistas con problemas... El *overbooking* es algo real. Consiste en vender más billetes que plazas tiene un avión. Y además es legal. De nada sirvió decirle a la azafata que compré mi billete tres meses antes… que me estaban esperando en el aeropuerto de Copenhague… La azafata me pidió acompañarla hasta el mostrador de Atención al Cliente para hacer unos trámites. Era el último vuelo a Dinamarca de ese día.

☐ **B.** Como ya sabes, este año he decidido ir de vacaciones a Dinamarca a casa de los padres de mi amigo Anders. Sus padres viven en un pueblo cerca de Copenhague. Anders me invitó el año pasado cuando estuvo en España estudiando. Durante el año que compartimos piso nos hicimos muy amigos. Te acuerdas, ¿verdad?

☐ **C.** Esto sí que es una leyenda urbana, pero de las buenas. Y encima no he tenido que coger un avión con lo poco que me gusta. Si mañana tengo suerte en el aeropuerto quizá me vuelven a decir que hay *overbooking*. Ya te contaré, tío...

[1] **D.** Te escribo este e-mail para contarte algo increíble que me ha sucedido. Como no sé por dónde empezar voy a hacer caso a mi abuelo que dice que para contar bien una historia lo mejor es empezar por el principio.

☐ **E.** A partir de ese momento, todo lo que hasta entonces salió mal empezó a salir bien. Porque lo primero que hizo la azafata fue indemnizarme. Es decir, que me dio una cantidad de dinero por los perjuicios ocasionados por quedarme en tierra. Luego, como no hay vuelo hasta el día siguiente, me dio un bono de hotel para alojarme y pasar la noche. Y, además, me dio otro bono para la cena y otro más para el desayuno. Todo con cargo a la compañía aérea, o sea, gratis.

☐ **F.** El avión a Copenhague despegaba a las 18.15 horas. Reconozco que salí de casa un poco tarde, casi a las cuatro, porque me entretuve con el equipaje. Luego, en vez de coger un taxi, me metí en el metro porque es más barato. Tuve mala suerte y el metro se paró diez minutos en una estación y otros diez en otra. Al final llegué al aeropuerto a las cinco y media. Lo malo fue que en el mostrador de facturación no me quisieron dar la tarjeta de embarque. Cuando entregué mi billete la azafata me dijo: "Lo siento, señor, pero el vuelo está completo, hay *overbooking*".

☐ **G.** Y aquí estoy, en un hotel de cinco estrellas, en una habitación alucinante y con los gastos pagados. Es el mejor hotel en el que he estado nunca. Tengo Internet en el escritorio y *jacuzzi* en el cuarto de baño. He echado cuentas y con el dinero que me han dado de indemnización el viaje me ha salido gratis y hasta me sobra algo.

4 **¿Quién es el protagonista de la historia? ¿Es el mismo protagonista quien escribe la historia o es otra persona? Marca en el texto ya ordenado los elementos que indican quién es la persona que ha escrito el texto.**

5 **Escribe una frase con la idea principal que transmite el autor en cada uno de los párrafos.**

Párrafo	Idea principal
1.°	
2.°	
3.°	
4.°	
5.°	
6.°	
7.°	

6 **Vamos a introducir un personaje más en esta historia pero con estas condiciones:**

a. El personaje debe ser una persona de unos 35 años.

b. Debe ser una persona desconocida.

c. No debe trabajar en el aeropuerto.

d. Tiene que relacionarse con el protagonista, por lo menos, desde el párrafo F.

e. La influencia de este personaje es negativa para el protagonista.

Ahora, ya puedes reescribir la historia con tu nuevo personaje.

7 **Subraya todas las frases que están en pretérito indefinido.**

8 **Explica por qué en estas frases se utiliza el pretérito indefinido.**

....

....

9 **Ahora haz un listado de todas las palabras relacionadas con viajar que hay en el texto.**

....

....

10 **Elige palabras de tu lista y escribe frases en pasado. A ver cuántas palabras puedes incluir en la misma frase.**

....

....

....

....

15 Antes y ahora

1 Haz una lista de las cosas que hacías hace cinco años y otra de las cosas que haces ahora.

Antes (hace cinco años)	Ahora
Me acostaba a las 9 h de la noche.	*Me acuesto a las 11 h de la noche.*

2 ¿En qué cosas ha cambiado tu vida? ¿Hay cosas que hacías antes que ahora no haces porque no te gustan, porque ya eres mayor, porque no tienes tiempo...?

3 Lee el texto.

El otro día recibí un e-mail de mi hermano mayor. Hace un año que se independizó. Eso quiere decir que hace un año que dejó de vivir en casa de nuestros padres para vivir por su cuenta, solo, en un apartamento. Desde entonces su vida ha cambiado mucho. Esto es lo que me escribió:

Enviar ahora | Enviar más tarde | Adjuntar archivos | Firma | Ayuda

De:

Para:

Asunto:

¿Me echas en falta? Pues, mira, de momento la habitación sigue siendo tuya.

Ayer hice una lista para conocer lo bueno y malo que tuvo la decisión de independizarme. Quería saber las diferencias entre mi vida de antes y mi vida de ahora.

Para analizar la situación me senté en la cama, cogí un bolígrafo y escribí en un papel los conceptos "Hora de acostarme", "Fines de semana", "Teléfono", "Comida" y "Ropa". Luego dibujé tres columnas. En la primera escribí Antes, es decir aquello que solía hacer cuando vivía en casa de nuestros padres. En la segunda escribí Ahora, o sea, las cosas que hago desde que soy independiente. Y, en la tercera columna escribí Comentarios, para las observaciones. El resultado fue el siguiente:

1. HORA DE ACOSTARSE
Antes: me solía acostar entre las once y las once y media de la noche. A mi padre no le gustaba que me fuera tarde a la cama.
Ahora: me acuesto cuando quiero y nunca antes de la una de la noche.
Comentario: cuando me levanto a la mañana siguiente, la mayoría de los días estoy cansado y tengo sueño porque no he dormido lo suficiente.

2. FINES DE SEMANA
Antes: salía de marcha todos los viernes y sábados.
Ahora: salgo solo uno de los dos días del fin de semana. El otro me ocupo de limpiar mi apartamento.
Comentario: puedo contratar una asistenta pero es muy caro.

3. TELÉFONO
Antes: hablaba poco porque el teléfono lo pagaba mi padre.
Ahora: hablo todo lo que quiero porque la factura la pago yo.
Comentario: estoy gastando demasiado dinero en teléfono. Tengo que revisar el número de llamadas y de mensajes que envío.

4. COMIDA
Antes: comía gratis en casa de mis padres.
Ahora: como todos los días en un restaurante de comida rápida cerca del trabajo. No tengo tiempo para hacerla yo.
Comentario: la comida no es tan rica ni tan saludable.

5. ROPA
Antes: tenía siempre ropa limpia y planchada. Mi madre la recogía, la lavaba y la planchaba.
Ahora: la recojo yo, la meto en la lavadora yo, y la plancho yo.
Comentario: es mucho trabajo y lo hago regular. Planchar es difícil. Mis camisas nunca quedan perfectas.

Después de valorar esta lista, he llegado a la conclusión de que (...)

4 **Anota las diferencias que hay entre vivir en casa de los padres a vivir solo, según el texto.**

Vivir en casa de los padres

Vivir solo

5 **El texto que has leído, termina: "Después de valorar esta lista, he llegado a la conclusión de que (...)". Escribe a qué conclusión crees que llega el chico.**

....

....

6 **Ahora lee el final de la historia y comenta con tus compañeros cuáles son las diferencias entre el texto y tu final.**

(...) antes vivía mejor que ahora. Porque en casa de nuestros padres me acostaba temprano, salía los dos días del fin de semana, no pagaba teléfono, comía bien y tenía la ropa bien planchada...

Pero también he llegado a una segunda conclusión y es que, aunque lo más cómodo sería volver con vosotros, vivir independiente tiene la ventaja de la libertad. Como creo que es cuestión de organizarse, de momento no vuelvo.

7 **Lee los diez motivos para no tener un teléfono móvil. Luego, habla con tu compañero y busca diez motivos paralelos para tener móvil.**

Diez motivos para no tener un teléfono móvil

1. Siempre lo tienes que llevar encima.
2. Es carísimo.
3. Tienes que estar disponible las 24 horas del día.
4. Tienes que recargarlo constantemente.
5. Siempre saben dónde estás.
6. Algunas melodías son muy molestas.
7. Todo el mundo puede oír las conversaciones.
8. Se cometen faltas de ortografía.
9. Siempre estás pendiente del sonido del móvil.
10. Si lo pierdes, no sabes qué hacer con tu vida.

8 **Ahora, en la clase, haced dos grupos. Uno está a favor del móvil y otro en contra. Justificad vuestra postura.**

16 Mi amigo Julio quiere ir a la cárcel

1 Escribe una definición de "zoo".

....

....

2 Relaciona las definiciones con la palabra correspondiente.

1. cárcel	☐	a.	Esconderse.
2. reproducirse	☐	b.	Abrir y cerrar los ojos.
3. ahorros	☐	c.	Producir.
4. camuflarse	☐	d.	Casa donde la policía lleva a las personas que cometen delitos, robos, asesinatos, etc.
5. emitir	☐	e.	Equivocar.
6. enemigo	☐	f.	Hacer más pequeño.
7. confundir	☐	g.	Hijo.
8. parpadear	☐	h.	Caja metálica donde se encierra a los animales.
9. cría	☐	i.	Hacer más largo.
10. encoger	☐	j.	No dejar salir a alguien de un lugar.
11. alargar	☐	k.	Uno de los cinco sentidos que sirve para identificar los olores.
12. olfato	☐	l.	Alguien que no es amigo.
13. encerrar	☐	m.	Dinero que guardamos generalmente en el banco.
14. jaula	☐	n.	Tener hijos.

3 Lee la historia y completa las actividades que te proponemos a lo largo de la lectura. Puedes añadir más información.

A mi amigo Julio le gustan mucho los animales. Demasiado. Por eso quiere ir a la cárcel. Le interesa todo de ellos: cómo viven, cómo se alimentan, cómo se reproducen…, aunque si hay algo que le interesa son los datos curiosos de cada especie de animales.
Mi amigo Julio es un experto en contar cosas curiosas de los animales.
Hace un mes organizó un viaje a Sudáfrica. Se gastó todos los ahorros en comprar un billete de avión y en pagar un safari fotográfico. Su objetivo era ver animales en libertad. Como equipaje se llevó una mochila con poca ropa, dos cámaras de fotos y ocho cuadernos para anotar impresiones. Prometió escribirme una tarjeta postal de vez en cuando.

Escribe 3 ideas principales:

....

....

....

La primera tarjeta la recibí hace tres semanas. Era de un grupo de cebras. Decía lo siguiente: "*El primer día que salí a la sabana me encontré con un grupo de cebras. ¿Sabías que cada cebra tiene rayas distintas? Nunca verás dos cebras iguales. Las rayas les sirven para reconocerse entre ellas y, lo más importante, para camuflarse de su peor enemigo: el león. Los leones no distinguen los colores y confunden las rayas blancas y negras camufladas en la vegetación. Por cierto, te contaré otro dato curioso y es que las cebras emiten unos sonidos muy extraños. Sonidos más parecidos al ladrido de un perro que al relincho de un caballo*".

Escribe:
Características de las cebras: ....
Características de los leones: ....

Hace dos semanas recibí la segunda tarjeta postal. Era la fotografía de una jirafa con su cría. Julio escribió lo siguiente: *"La jirafas son animales muy tímidos. Solo hay que mirarles a los ojos para darse cuenta de eso. Apenas parpadean. Creo que lo hacen una vez cada dos o tres horas. ¿Sabías que las jirafas se pueden limpiar las orejas con la lengua? Su lengua puede llegar a medir 50 centímetros. Sí, has leído bien, ¡medio metro de lengua! Las jirafas duermen poco, apenas en periodos de 20 minutos. Una jirafa adulta mide entre 5 y 6 metros y las crías cuando nacen ya miden casi 2"*.

Escribe:

Características de las jirafas: ....

La semana pasada recibí la tercera tarjeta postal. Era la de una impresionante manada de elefantes. La tarjeta decía lo siguiente: *"El elefante africano es el animal terrestre más grande que existe en la actualidad. Pesa casi ocho toneladas. Come 170 kilos de vegetales al día. ¿Sabías que su trompa tiene 400 músculos? Los músculos le permiten poder moverla en cualquier dirección. De arriba abajo, de izquierda a derecha, encogerla y alargarla..., aunque quizás el dato más curioso del elefante es su olfato. Lo tiene tan desarrollado que le permite localizar agua a kilómetros y kilómetros de distancia"*.

Escribe:

Características de los elefantes: ....

El otro día recibí la última tarjeta postal. Era una puesta de sol. Aunque la fotografía era preciosa me extrañó no ver ningún animal. La tarjeta tenía un mensaje corto: *"Se acaba el viaje y resulta muy difícil volver. Soy feliz viendo animales en libertad"*.

Describe los sentimientos de Julio:

....

4 La historia que has leído no ha terminado todavía. Escribe el final de la historia siguiendo las pautas que te damos:

1. Julio ya ha vuelto de su viaje.
2. Julio está triste.
3. Julio ha visitado el zoo de su ciudad.
4. Julio ha decidido protestar por la libertad de los animales.
5. Julio quiere ir a la cárcel.

....

....

5 Ahora lee el final que ha escrito el autor y compáralo con tu final.

Ayer Julio me llamó por teléfono. Me dijo que ya ha regresado pero que está triste y que no quiere verme. Me dijo que ha ido al zoológico porque echaba de menos a los animales, pero que la visita al zoo le ha puesto aún más triste. No le ha gustado verlos encerrados en las jaulas o en espacios muy pequeños.

Esta mañana Julio ha ido a la comisaría de policía. Ha entrado gritando y muy nervioso. Ha pedido que por favor le encierren. Dice que es su forma de protestar por los animales del zoológico, que después de verlos en libertad ya no quiere verlos encerrados en jaulas, ni en corrales, ni en recintos vallados. Si ellos están en una cárcel, él también quiere estar en otra.

6 ¿Cuál es tu opinión sobre los zoológicos?

7 ¿Cuál es tu animal preferido? Describe sus características y su hábitat.

8 ¿En qué gastarías todos tus ahorros?

17 ¿Un día o dos?

1 Relaciona la definición con el verbo.

1. Mandar que se haga algo.
2. Impedir que alguien haga algo.
3. Rogar a alguien que dé o haga algo.
4. Recomendar a alguien que haga o diga algo.

a. pedir
b. aconsejar
c. ordenar
d. prohibir

2 Completa las frases.

Los profesores nos prohíben que ....

Mis padres me aconsejan que ....

Nuestro tutor nos ordena que ....

Mis amigos me piden que ....

3 Ahora cambia al imperativo (afirmativo o negativo) las frases anteriores que has escrito.

Ejemplo: *Los profesores nos prohíben que escribamos los exámenes con lápiz.*

Imperativo: No escribáis los exámenes con lápiz.

4 Lee el relato.

Hoy ha sido mi primer día de trabajo. Un día que ha valido por dos. Me he levantado temprano, a las seis y media de la mañana. Quería tener tiempo suficiente para llegar sin prisas. He salido de casa a las siete y cuarto. He cogido el metro hasta la última estación de la línea 3 y después he cogido un autobús. La oficina estaba a las afueras de la ciudad y mi empleo era de teleoperador. Tenía que vender libros por teléfono con un horario de nueve a cinco y de lunes a viernes.

He llegado antes de la hora y ya me estaba esperando el supervisor. Estaba en la puerta con un reloj en la mano. Se presentó como Pedro Maza. Un hombre de unos cuarenta años, vestido con traje oscuro y corbata roja. No me dio la mano como bienvenida. Se limitó a indicarme cuál era mi mesa y mi teléfono.

Antes de sentarme, me dijo:

"Quiero dejar claro que el que manda aquí soy yo y que mi forma de trabajar se basa en dos grupos de ideas:

1. Órdenes y prohibiciones
2. Peticiones y consejos

Mírame a los ojos y escucha lo que te voy a decir. Son ocho instrucciones que debes colocar en el primer o segundo grupo.

1. Tienes que ser puntual. Si llegas un minuto tarde te sancionaré con el sueldo de un día completo. Si llegas cinco, te sancionaré con el sueldo de una semana. Más de diez minutos tarde, con el despido.
2. Tu trabajo termina a las cinco de la tarde pero te sugiero que te quedes hasta las seis para aumentar los beneficios de la empresa. Por supuesto, esa hora no se cobra.
3. No te permito hablar con los compañeros. No me importa que haya un motivo importante. Tu trabajo consiste en hablar con los clientes, no con los compañeros.
4. No quiero que tomes café. Odio el café. Lo huelo a un kilómetro de distancia.
5. Te recomiendo que acortes tu tiempo de comida a la mitad. Es decir, que en vez de media hora te tomes como máximo quince minutos. Está demostrado que ese tiempo es suficiente para tomarse un refresco y un sándwich.
6. Espero que no seas un empleado conflictivo. Te irá mejor si aceptas sin protestar las recomendaciones sobre el trabajo.

7. Guárdate tus sugerencias y no me las cuentes. Nunca he escuchado ninguna y no voy a hacerlo ahora.
8. No te permitiré ir al aseo más de una vez al día.

Y ahora que ya conoces mis instrucciones, siéntate, busca tu lista de clientes y llámalos por teléfono".

Decía al principio del relato que hoy ha sido mi primer día de trabajo. Un día que ha valido por dos. Porque ha sido el primero y el último.

5 Corrige la información incorrecta según el texto que has leído.

Hoy ha sido mi primer día de trabajo. Ha sido muy fácil. Me he levantado muy pronto pero he salido de casa tarde y he cogido el autobús. La oficina está a las afueras de la ciudad. Mi nuevo trabajo es de venta por teléfono. He llegado muy puntual pero el jefe no estaba. Mi jefe tiene unos cuarenta años y es muy amable. Me ha saludado y me ha enseñado la oficina, mi lugar de trabajo y me ha presentado a mis compañeros. Me ha dado ocho instrucciones. Después hemos ido juntos a tomar un café. El trabajo no me gusta y mañana no volveré. Hoy también ha sido mi último día.

6 Sitúa las ocho instrucciones que el jefe da al empleado en la columna que corresponde.

Órdenes y prohibiciones	Peticiones y consejos
	Te recomiendo que acortes…

7 Tenéis que preparar un listado órdenes y prohibiciones/peticiones y consejos para los estudiantes de tu instituto. En parejas, escribid diez frases con los comentarios necesarios.

DECÁLOGO PARA LOS ESTUDIANTES

1.No está permitido comer en clase. La clase se ensucia y también faltas el respeto a tus compañeros y profesor.

8 Ahora leed los decálogos y escribid uno en común para todos.

9 Un amigo español va a pasar unos días con vosotros en vuestra ciudad. Nunca ha estado y no conoce la ciudad, no sabe qué tiempo hace ni qué ropa debe llevar y tampoco conoce las costumbres de vuestro país. En parejas, escribidle una carta con toda la información y le dais las recomendaciones, sugerencias y consejos necesarios.

10 Volvemos a la lectura. Imaginamos que el chico acepta el trabajo. ¿Qué consejos y sugerencias le puedes dar?

11 Aquí tienes dos frases del texto para analizar.

1. **Subraya en cada una lo referente a la estructura:**

   Verbo + *que* + presente de subjuntivo

   Te recomiendo que acortes tu tiempo de comida a la mitad.

   Es decir, que en vez de media hora te tomes como máximo quince minutos.

2. **¿Está completa la segunda frase? Justifica tu respuesta.**

12 Escribe estas frases del texto con un significado contrario.

1. *Guárdate tus sugerencias y no me las cuentes.* ....
2. *Mírame a los ojos y escucha lo que te voy a decir.* ....
3. *No quiero que tomes café.* ....
4. *No te permitiré ir al aseo más de una vez al día.* ....

18 Mañana, mañana, mañana...

1 **Habla con tus compañeros. ¿Cuál es tu cantante o grupo de música favorito? ¿De dónde es? ¿En qué idioma canta? ¿Eres de su club de fans? ¿Tienes todos sus CD? ¿Qué cosas sabes de su vida? ¿Cómo suele vestirse?**

2 **Ahora escribe cómo crees que es un día de la vida de tu cantante favorito.**

....

....

3 **Aquí tienes un relato con los párrafos desordenados. Lee cada párrafo y, según el contexto, ordénalos debidamente. Luego, lee la historia de nuevo.**

☐ **A.** De los estudios de *Radio Movida* iré a unos grandes almacenes. Iré a firmar CD a la sección de música. Me esperan a las once y media. Estaré dos horas con los fans. Es decir que estaré con ellos hasta la una y media. A esa hora vendrán a buscarme de la compañía discográfica para ir a comer. Iremos a un restaurante. Nadie sabe que soy vegetariano. Así que se lo diré para no ir a un restaurante solo de carne. Si lo han reservado con anterioridad y no pueden cambiarlo, me conformaré con comer ensaladas. Durante la comida me hablarán de firmar un nuevo contrato. Están interesados en grabar otro disco. Tengo que pensarlo y dependerá de la oferta. Hay otra compañía que quiere entrevistarse conmigo la semana que viene por el mismo tema.

☐ **B.** Mañana a las siete de la tarde me daré otra ducha. Me vestiré con otro pantalón de cuero negro, con otra camiseta negra y con otra cazadora también negra. Siempre visto igual: para salir a la calle o para salir al escenario a cantar. A las ocho vendrán a buscarme en otra limusina. Como hasta las diez de la noche no empieza el concierto, tengo dos horas para hablar con los músicos, los técnicos de luces y con el equipo que se encarga de montar el escenario y tener las cosas en orden.

☐ **C.** Mañana me levantaré a las siete de la mañana. Me afeitaré con cuidado de dejarme las patillas bien largas y me ducharé. En eso tardaré unos veinte o veinticinco minutos. Antes de las siete y media desayunaré. Tomaré fruta, zumo de naranja, café con galletas, miel y mermelada. Luego me vestiré con mi pantalón de cuero negro, mi camiseta negra y mi cazadora, también negra. La imagen es importante. Y en mi caso más.

☐ **D.** Mañana a las cuatro de la tarde me llevarán al hotel a descansar. Dormiré un par de horas. Veré televisión y leeré algún periódico para enterarme de las últimas noticias. Aunque soy cantante y mi mundo es la música, también me interesan el resto de noticias para estar al día. Sobre todo las que hacen referencia a la política. Muy pronto habrá elecciones. Todavía no sé a qué candidato votaré. Aunque hay un partido político que esta semana ha escogido una de mis canciones para hacer su campaña electoral.

☐ **E.** Mañana a las ocho vendrá a buscarme un taxi para llevarme al aeropuerto. Llegaré a las ocho y cuarto a El Prat (Barcelona). Tendré tiempo suficiente para coger el puente aéreo de las nueve a Madrid. Si no hay retrasos, llegaré a Barajas una hora más tarde. A las diez estará esperándome un chófer con un cartel con mi nombre. Tendrá preparada una limusina para llevarme a los estudios de *Radio Movida*. Allí un locutor me hará una entrevista en directo para el programa *PopTotal*. Hablaremos de mi disco. Mi último trabajo se titula *El futuro está en nuestras manos*. La entrevista durará más o menos media hora. O como máximo cuarenta minutos. No puede durar más porque tengo que terminarla como muy tarde a las once de la mañana.

☐ **F.** La primera canción que cantaré será *Iré con cuidado*. Siempre empiezo los conciertos con la misma canción. Me da suerte. Luego cantaré *No dejaré que me engañes*, *El año que viene*, *Te juro que me portaré bien*. El resto de las canciones, hasta veinte, las cambiamos de orden entre los músicos y yo para hacer el concierto más entretenido. Siempre igual resulta aburrido. Pero para cerrar los conciertos siempre canto *El futuro está en nuestras manos*, la canción que tiene el mismo título que mi último CD. Después cenaré con los chicos y me marcharé al hotel a dormir.

4 **Escribe un breve resumen del contenido que transmite el autor en cada uno de los párrafos.**

Párrafo	Resumen del contenido
1.º	
2.º	
3.º	
4.º	
5.º	
6.º	

5 **Con las instrucciones que tienes a continuación, escribe el final de la historia. Puedes añadir todo lo que quieras.**

• móvil sin batería • día bastante ocupado • el ascensor está parado •
• hoy no es día de suerte • el edificio no tiene luz • son las 02.15 h •

6 **Ahora, te damos el final que ha escrito el autor. Léelo y explica qué diferencias hay con tu final.**

En definitiva, mañana tendré un día muy ocupado. Quizás demasiado. Aunque todo dependerá de la suerte que tenga hoy porque son las dos y cuarto de la madrugada y llevo más de tres horas encerrado en un ascensor. El edificio donde vivo se ha quedado sin luz y el ascensor está parado entre la planta nueve y diez. Además, mi teléfono móvil está sin batería y nadie sabe que estoy aquí.

7 **¿Cuál es el tiempo verbal que se utiliza mayoritariamente en este relato? ¿Por qué?**

8 **¿Qué otras formas verbales se usan para expresar futuro?**

9 **Extrae del texto los siguientes marcadores temporales:**

- Marcadores para el futuro imperfecto de indicativo.
- Marcadores para el tiempo de presente de indicativo.
- Marcadores para el tiempo de pretérito perfecto de indicativo.

Depósito legal: M-27864-2010

ISBN: 978-84-9848-235-5

Impreso en España
Printed in Spain

Coordinación pedagógica:
M.ª José Gelabert

Coordinación editorial:
Mar Menéndez

Ilustraciones:
Carlos Yllana

Diseño de cubierta:
Carlos Casado

Diseño y maquetación:
Ana M.ª Gil

Fotografías:
Archivo Edinumen

Impresión:
Gráficas Glodami, Coslada. Madrid

Editorial Edinumen
José Celestino Mutis, 4. 28028 Madrid
Teléfono: 91 308 51 42
Fax: 91 319 93 09
e-mail: edinumen@edinumen.es
www.edinumen.es